Angus Hyland & Caroline Roberts

Katzen

IN DER KUNST

DUMONT

»GEWÖHNLICHE KATZEN GIBT ES NICHT.«

COLETTE

UMSCHLAGVORDERSEITE INNEN: M. C. Escher, *Weiße Katze*, 1919
FRONTISPIZ: Michael Caines, *Schwarze Katze*, 2014

Nicht der Mensch habe die Katze gezähmt, heißt es oft, sondern die Katze habe sich dem Menschen angeschlossen. Als die Menschen sesshaft wurden und Getreidevorräte anlegten, hielten die vierbeinigen Kammerjäger die Mäuse in Schach und machten es sich in der Nähe der Menschen gemütlich. Daher ist es kaum verwunderlich, dass viele Gemälde die Vierbeiner im häuslichen Umfeld zeigen.

Katzen sind ungewöhnliche Wesen, denn sie sind die einzigen Haustiere, die kommen und gehen, wann es ihnen gefällt. Außerhalb unserer vier Wände führen sie ein geheimes Leben, das uns verborgen bleibt. Doch kehren sie stets zurück, denn sie schätzen unser Futter, ein Dach über dem Kopf und – wenn wir Glück haben – den Platz auf unserem Schoß. Das klingt zwar nicht sehr romantisch, erklärt jedoch das besondere Verhältnis zwischen den Vierbeinern und ihren Besitzern. Viele Haustiere sind ohne den Menschen hilflos – Katzen nicht. Manche stören sich daran (weil sie eh keine Liebhaber dieser Tiere sind). Jeffrey Moussaieff Masson bemerkte: »Wir möchten, dass Katzen auf uns angewiesen sind. Dass sie es nicht sind, verunsichert uns. Doch auch wenn sie uns nicht brauchen, mögen sie uns offenbar doch.« Diese wechselseitige Zuneigung zeigen die Bilder in diesem Band, denn viele der Künstlerinnen und Künstler verewigten ihre eigenen Lieblinge auf Leinwand oder Papier.

Katzen sind sehr wählerisch. Sie schenken ihre Zuneigung nicht jedem. Man muss sie umschmeicheln, mit Leckerbissen umwerben, doch erobern lassen sie sich nur, wenn es ihnen passt. In winzigen Portionen teilen sie uns ihre Liebe zu und stehlen sich doch langsam, aber sicher in unser Herz. Während der Hund bekanntlich der »beste Freund« des Menschen ist, sieht das nicht minder enge Band zwischen Katzen und Menschen ganz anders aus. Katzen macht es augenscheinlich Spaß, uns über ihre Gefühle im Dunkeln zu lassen, aber gerade das fasziniert uns an ihnen. »Die Katze«, stellte der Schriftsteller und Journalist Eugen Skasa-Weiß fest, »hat sich vorgenommen, dem Menschen ein Rätsel zu bleiben.«

»ICH GLAUBE, KATZEN SIND AUF
ERDEN HERABGESTIEGENE GEISTER.

ICH BIN SICHER, EINE

Katze

KANN AUF

WOLKEN

SPAZIEREN, OHNE HERUNTERZUFALLEN.«

JULES VERNE

Midori Yamada, *Nobi suru neko* (*Sich räkelnde Katze*) (Detail), 2014

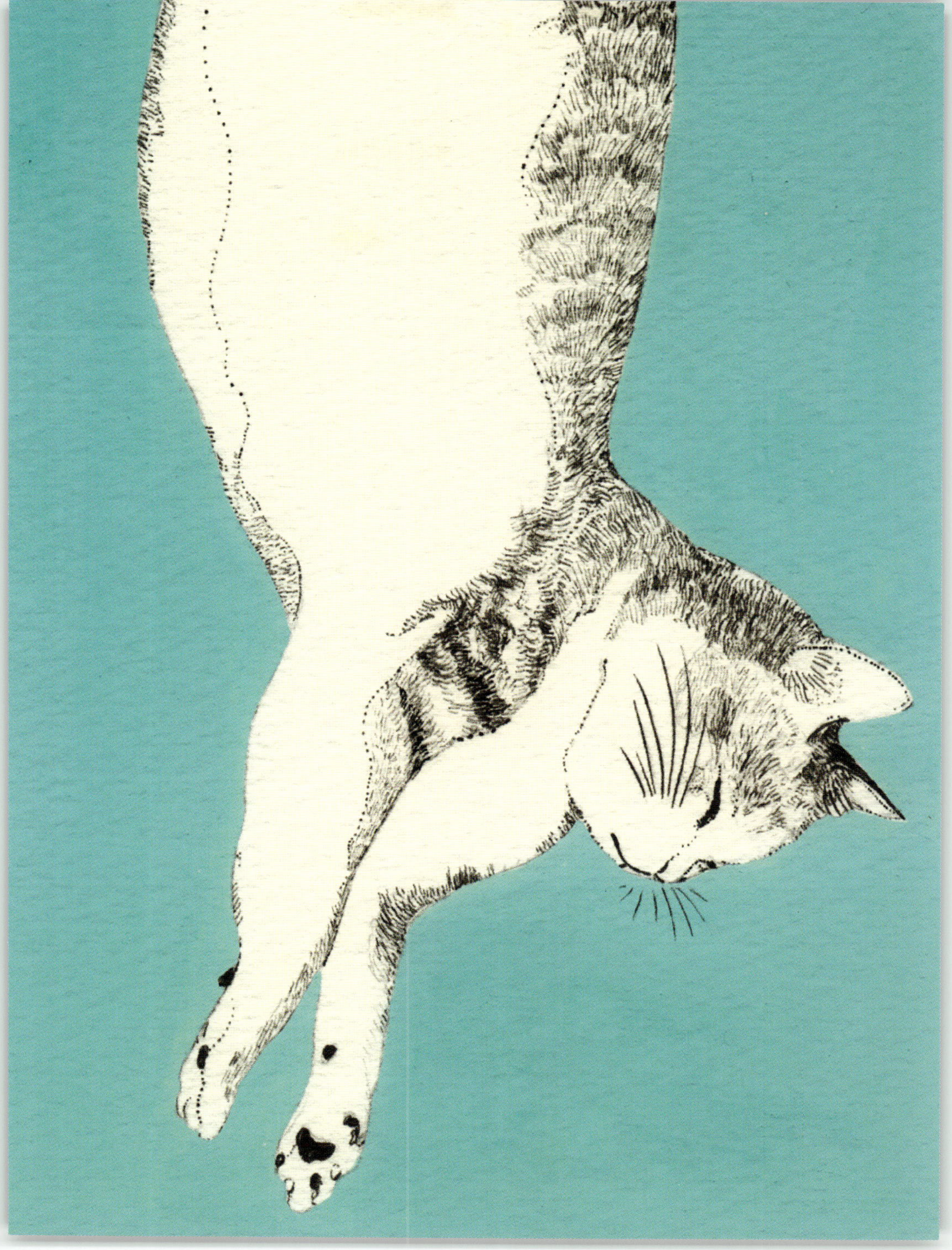

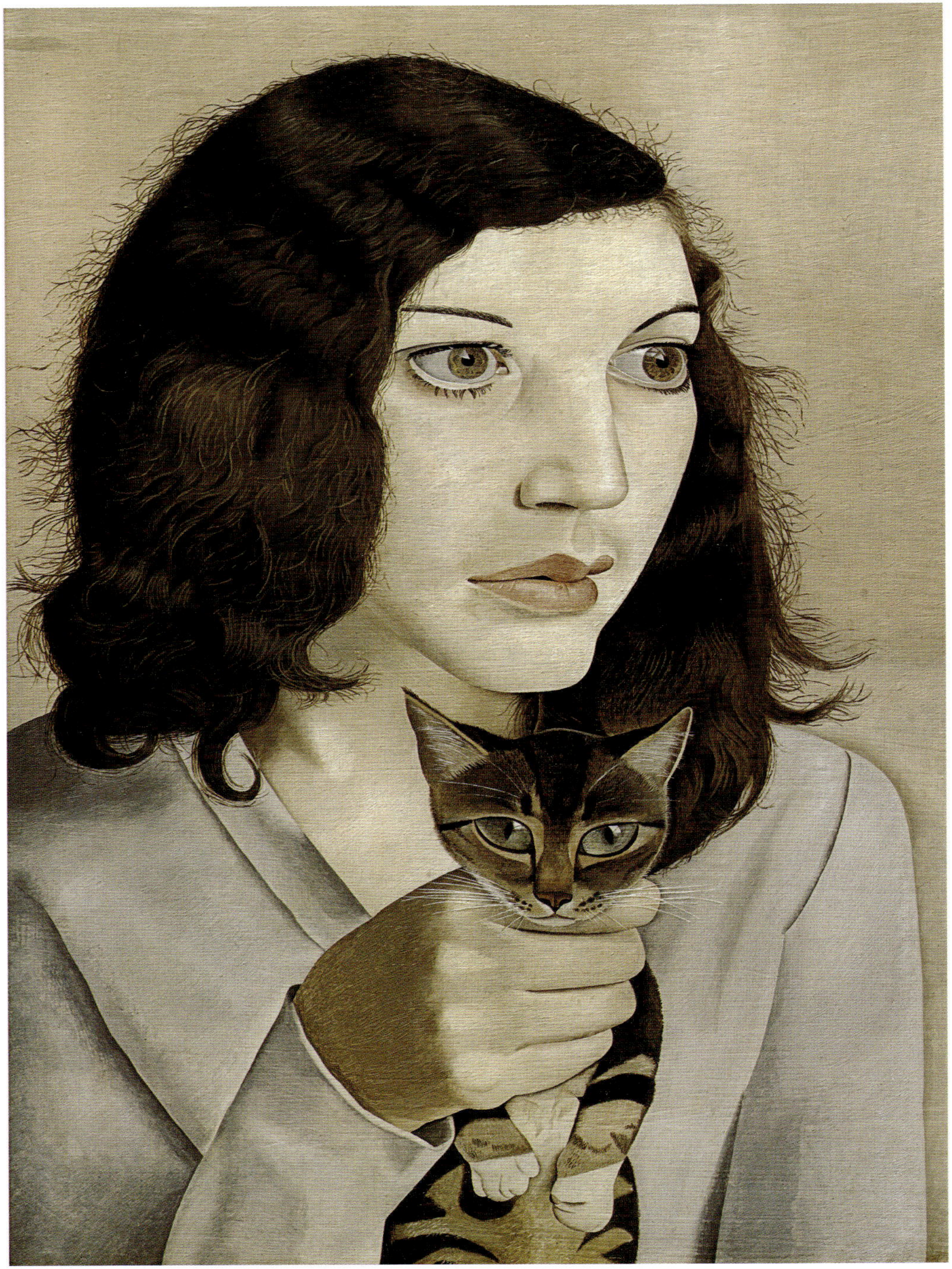

LUCIAN FREUD

Mädchen mit Katze

1947

Das namenlose »Mädchen« im Titel ist Lucian Freuds erste Frau Kitty. Als das kühle und verstörende Porträt entstand, war sie 21 Jahre alt und das Paar noch nicht verheiratet. Ihren weißen Fingerknöcheln nach zu urteilen, hält sie das Kätzchen in einem festen Klammergriff, sie scheint es fast zu erwürgen. Lucian Freud, der Enkel von Sigmund Freud, lernte Kitty kennen, als er eine Affäre mit ihrer Tante hatte. Kitty Garman war die Tochter des Bildhauers Jacob Epstein und seiner Frau Kathleen Garman – einer der berühmt-berüchtigten Garman Sisters, die die Londoner Gesellschaft in der Zwischenkriegszeit aufmischten. Freud und Kitty heirateten ein Jahr nach Entstehung dieses Bildes, doch die Ehe wurde 1952 wegen Freuds zahlreicher Affären wieder geschieden. Kittys schwermütiger Gesichtsausdruck scheint nicht gerade für eine harmonische Beziehung zu sprechen. Sie blickt starr aus dem Bild in die Ferne, während das Kätzchen direkt den Betrachter ansieht. Freud malte insgesamt acht Porträts seiner ersten Frau, unter anderem auch eines mit Hund. Dieses Bild spielt mit dem Namen seiner Frau, Kitty hält das Katzenbaby (englisch: Kitten).

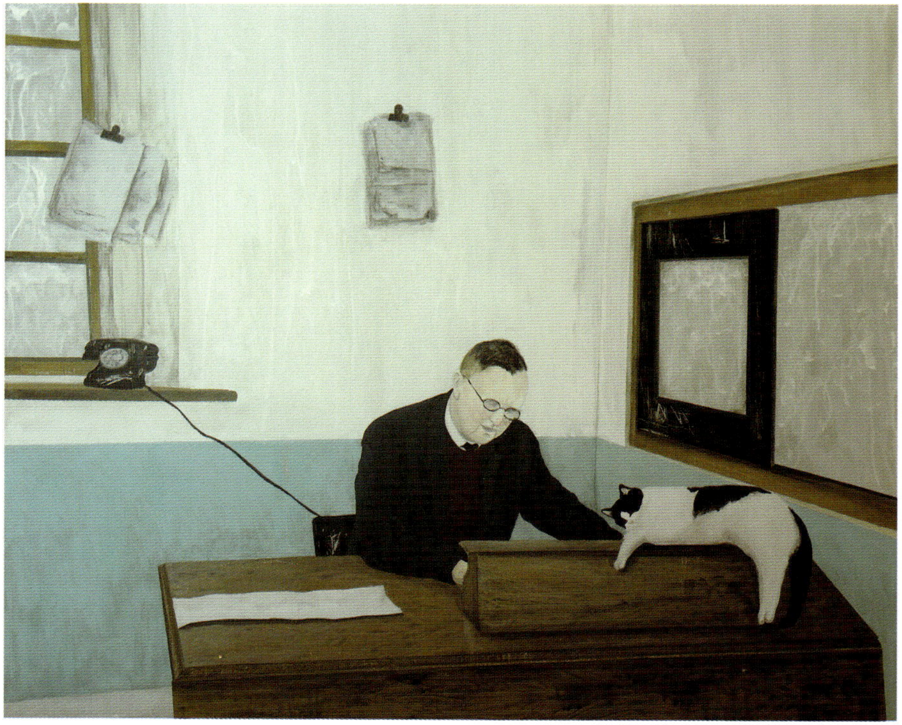

Yi-Shiang Yang, *Schreibtisch-Kompagnon*, 2013

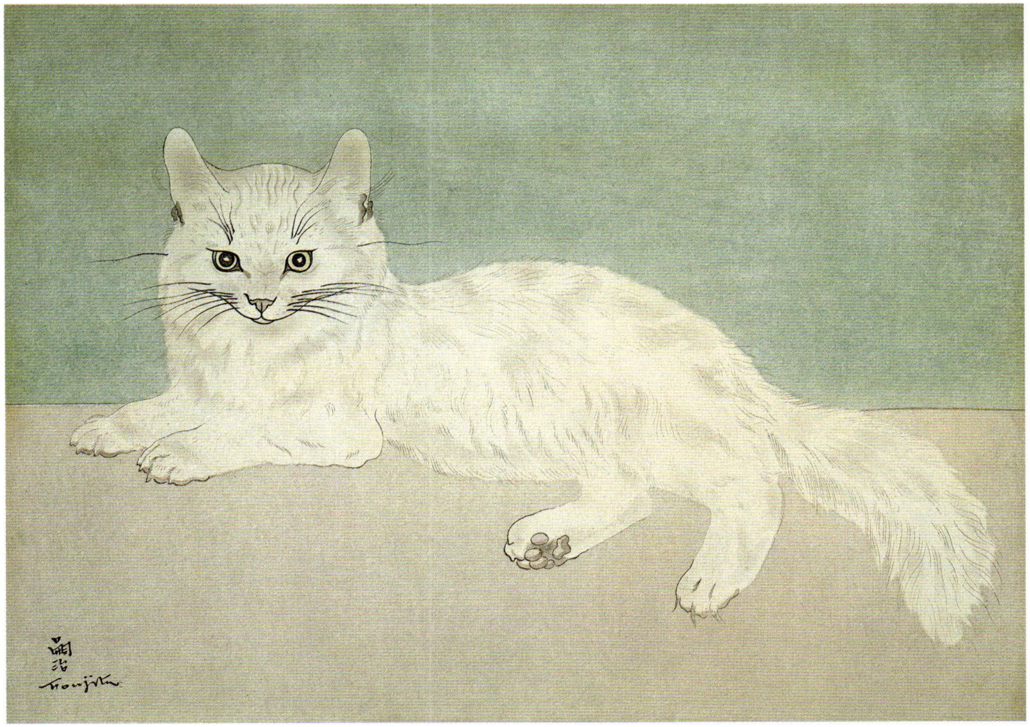

Tsuguharu-Léonard Foujita, *Weiße Katze*, um 1920

DIE

BEWEGUNG

DES SCHWANZES
VERRÄT
OFT, WAS IM

Kopf der Katze

vorgeht. Aber nicht immer.

Saul Steinberg, *The Paris Review?*, 1967

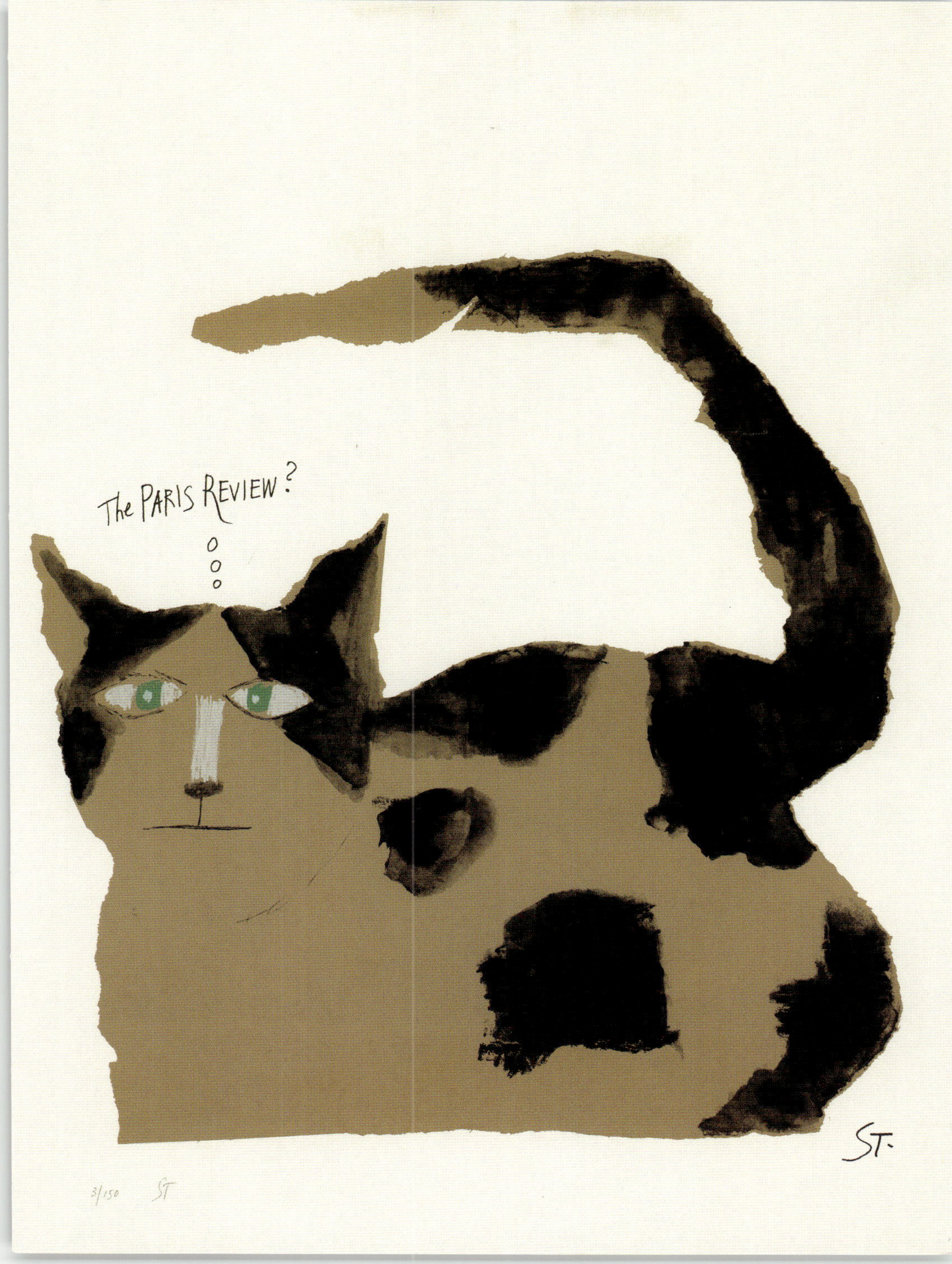
The PARIS REVIEW?
ST.
3/150 ST

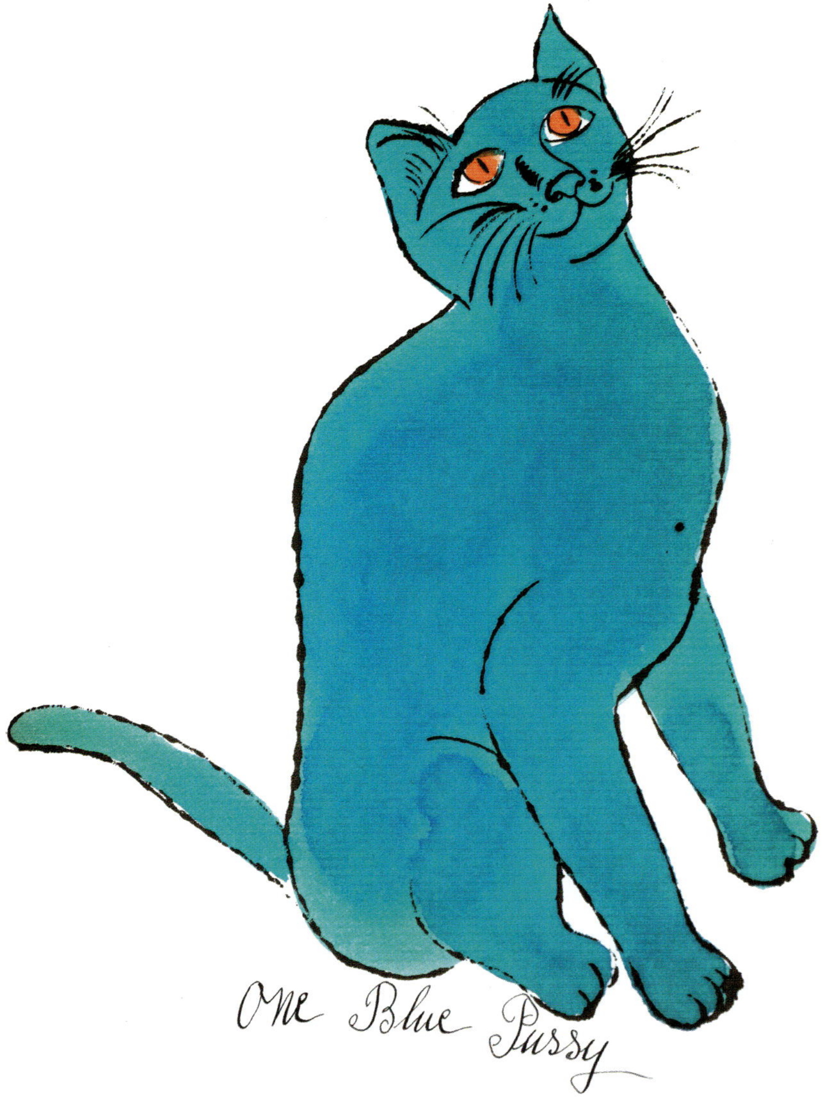
One Blue Pussy

ANDY WARHOL LIEBTE

VERVIELFÄLTIGUNGEN.

ER HATTE

25 KATZEN,

DIE DEN NAMEN SAM TRUGEN.

UND *EINE*, DIE ANDERS HIESS.

Andy Warhol, *One Blue Pussy*, 1954

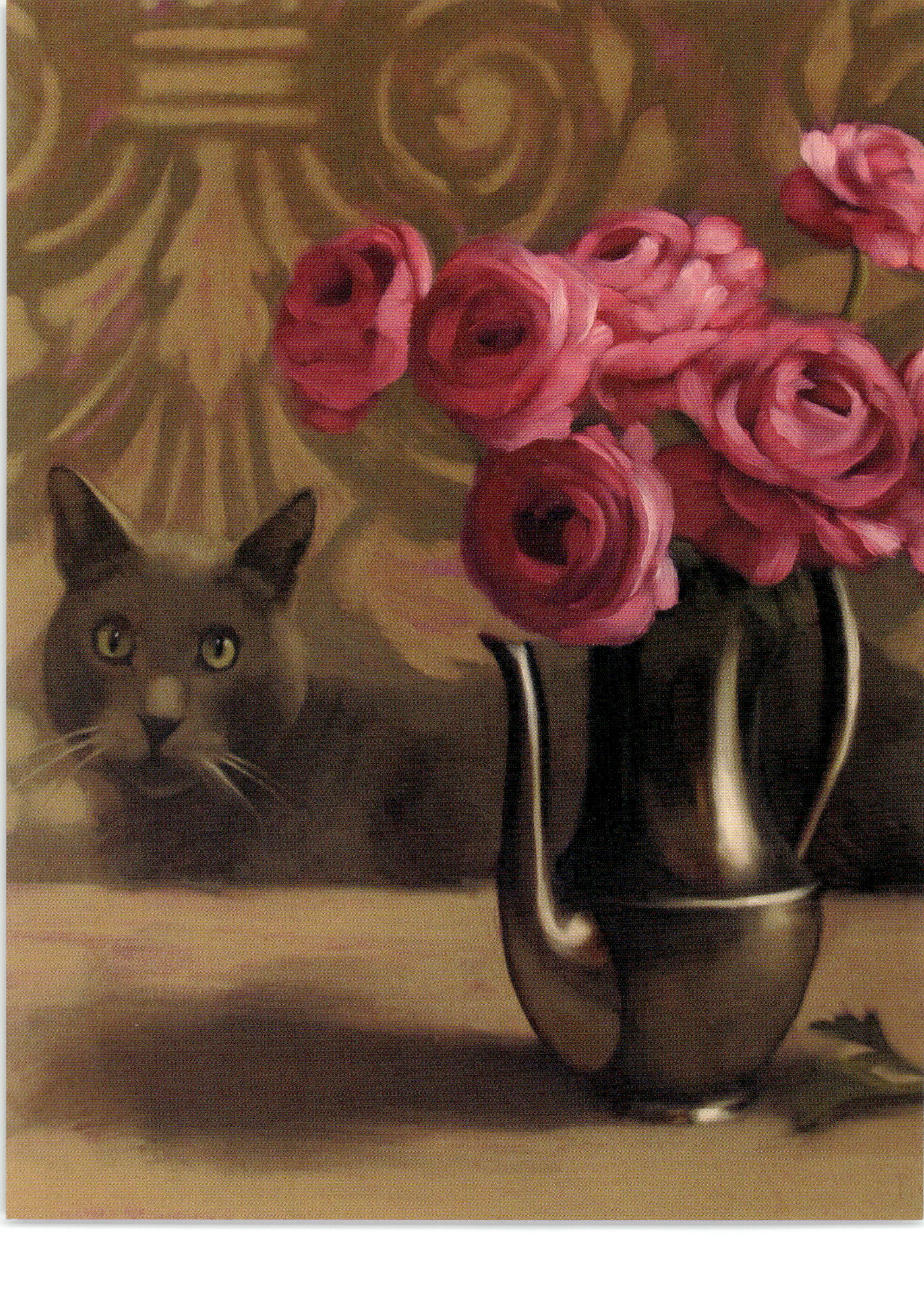

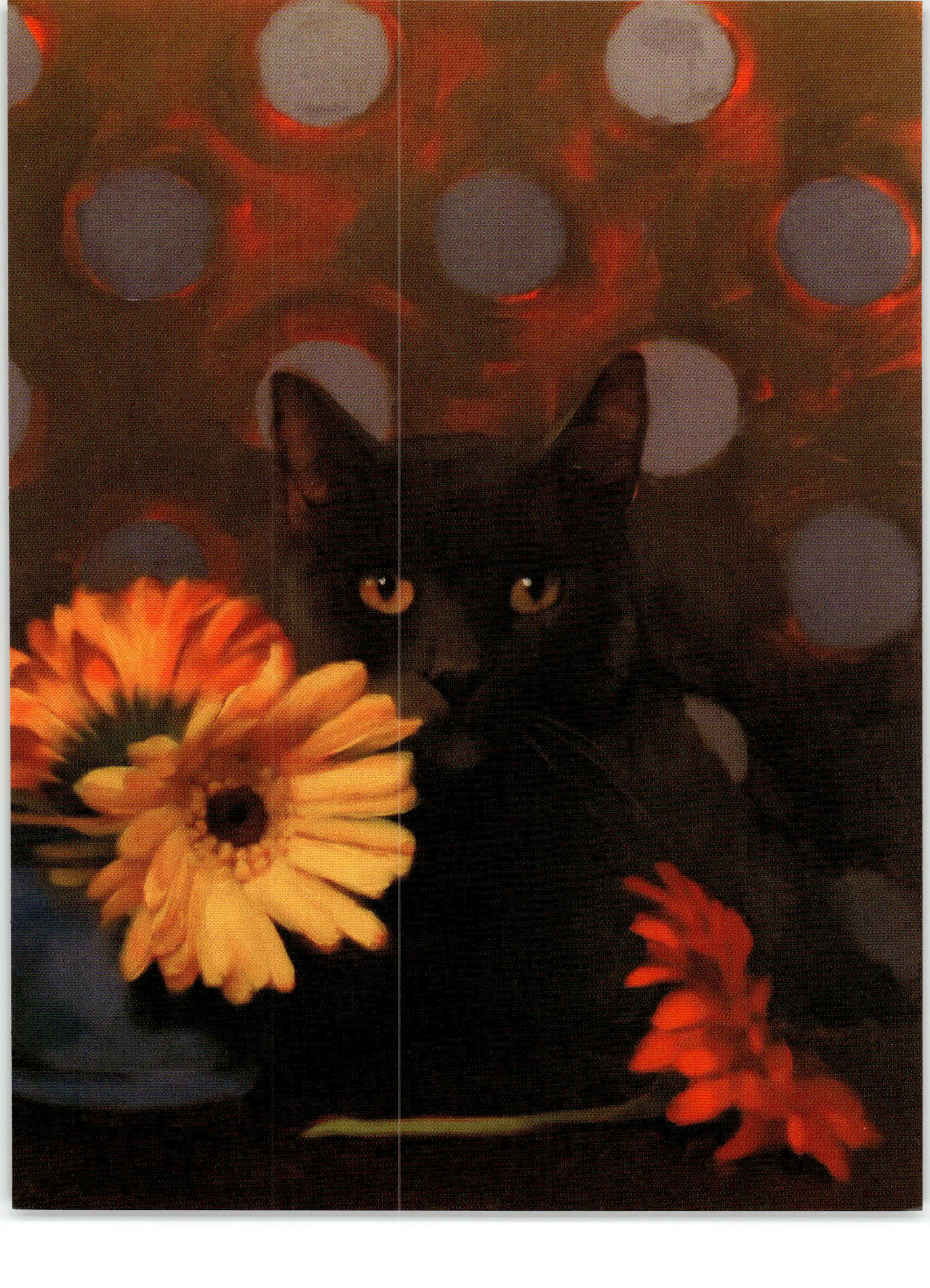

»Was Komfort betrifft,
sind Katzen echte Kenner.«

JAMES HERRIOT

RECHTS: Edward Bawden, *Katze auf einem Stapel Decken*, 1985
VORHERGEHENDE SEITEN: Diane Hoeptner, *Lewis mit Blumenstrauß* (Detail), 2014,
und *Coco mit Margeriten* (Detail), 2015

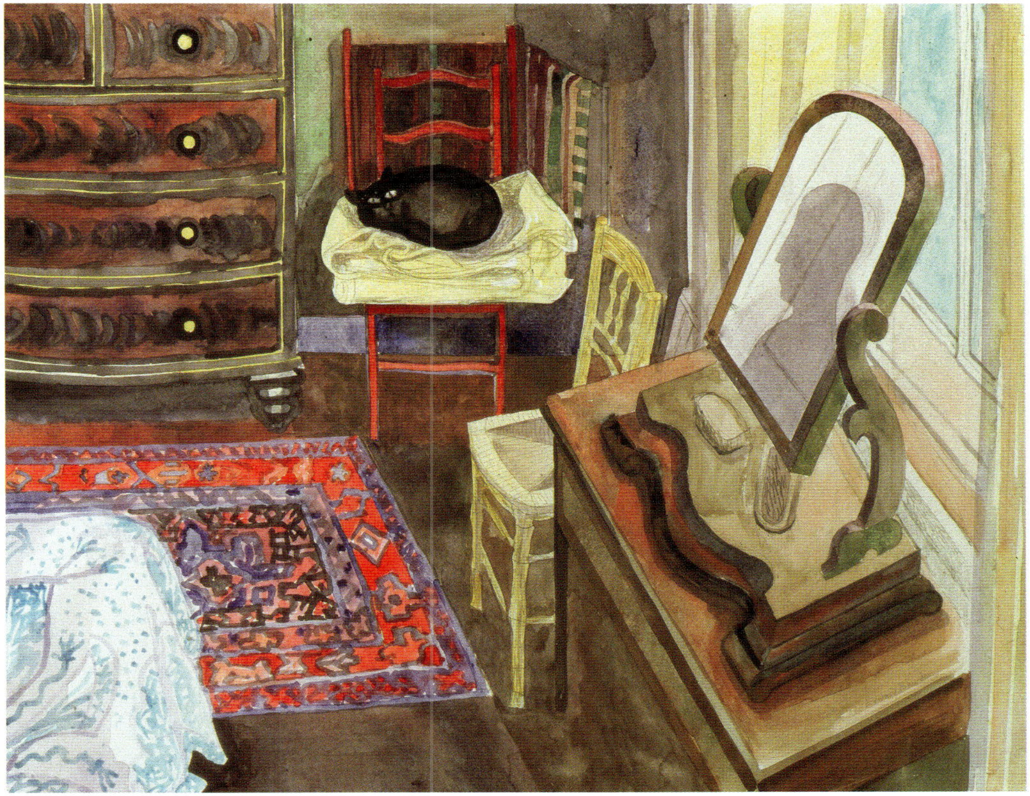

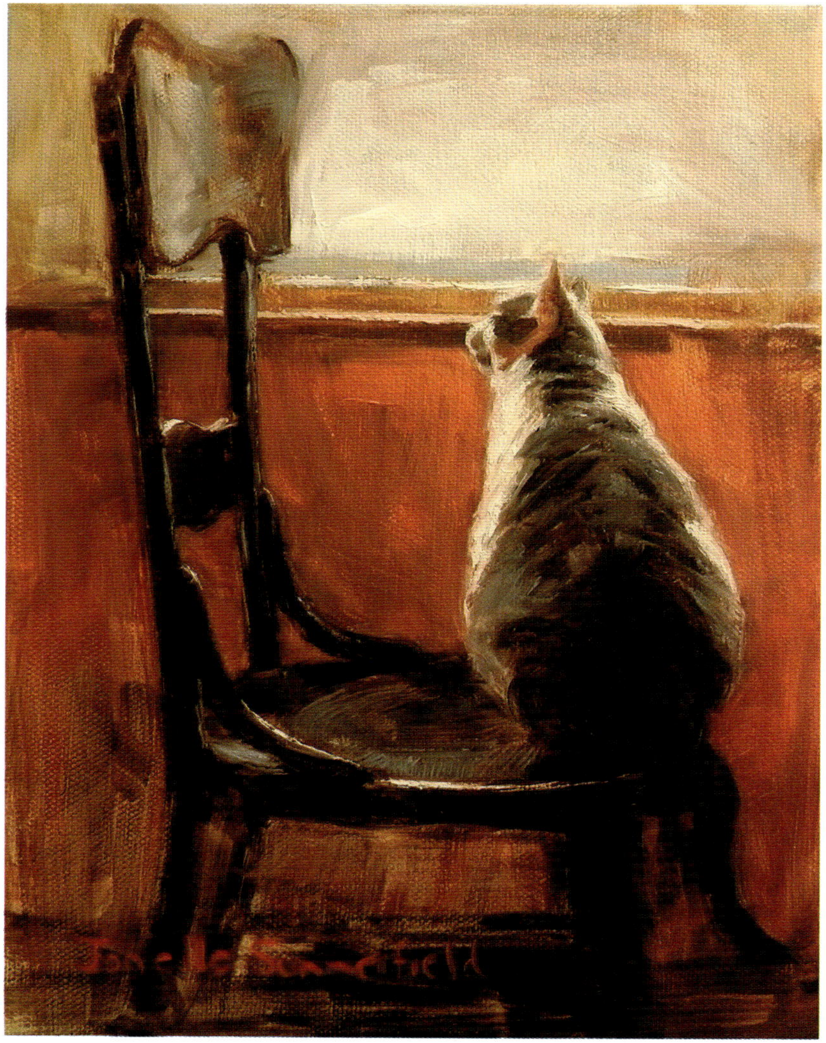

OBEN: Jonelle Summerfield, *Auf der Stuhlkante*, 2014
RECHTS: Marcel Schellekens, *Katze auf einem Sessel*, 1995

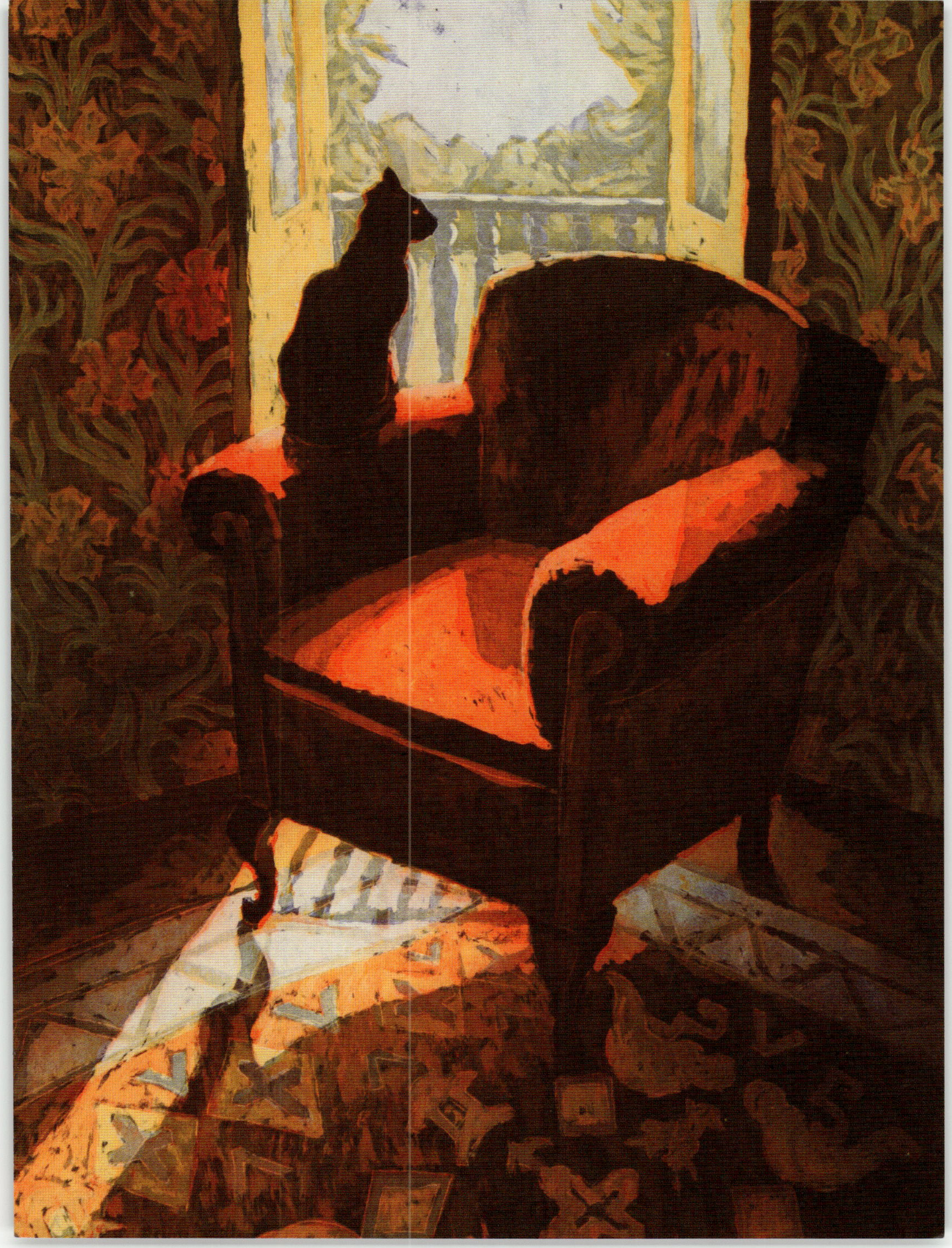

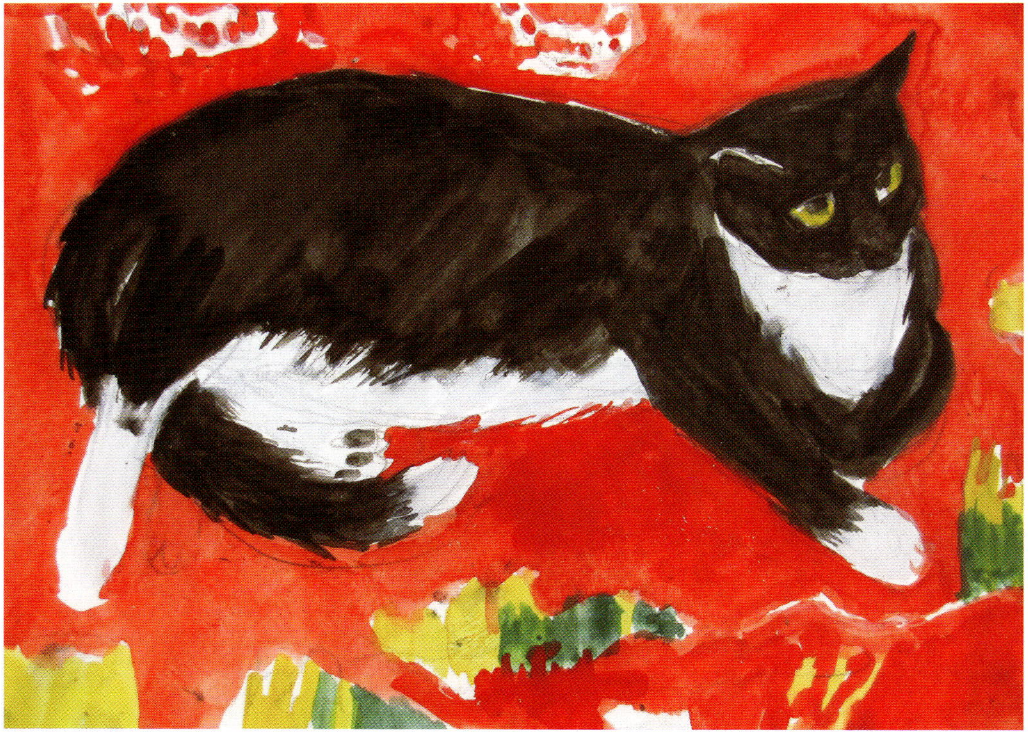

DAME ELIZABETH BLACKADDER

Katze auf einem Seidenkissen

2010

Dame Elizabeth Blackadder ist die erste Frau, die sowohl Mitglied der Royal Scottish Academy als auch der Royal Academy of Arts ist. Ihre Landsleute lieben besonders ihre zeitlosen japanisch inspirierten Stillleben mit Blumen und anderen Pflanzen sowie ihre großartigen Studien der eigenen Katzen. Ihre Bilder bescherten ihr schließlich eine weitere Premiere, als die britische Post 1995 erstmals eine Briefmarkenserie mit Katzenbildern herausbrachte. Auf der 41-Pence-Marke prangte auf einem orangegelben Seidenkissen ihr schwarz-weißer Kater Fred und auf der 19-Pence-Marke neben einer riesigen Lilie ihre schwarze Katze Sophie. Sie scheint dem Porträt der Königin Elizabeth II. auf der Briefmarke einen finsteren Blick zuzuwerfen, so als hätte Ihre Majestät ihr gerade verboten, von den wunderschönen (aber für Katzen hochgiftigen) Blüten zu naschen.

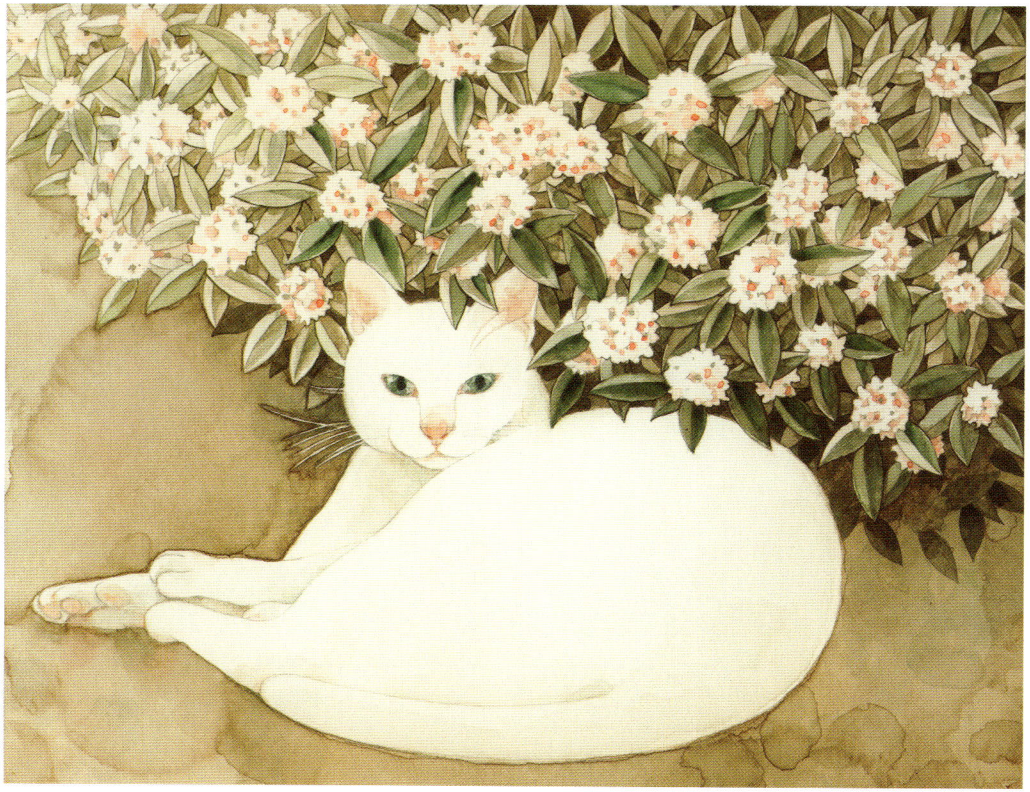

OBEN: Midori Yamada, *Rissyun (Frühlingsanfang)*, 2011
RECHTS: Midori Yamada, *Karasuuri (Japanische Schlangenhaargurke)*, 2010

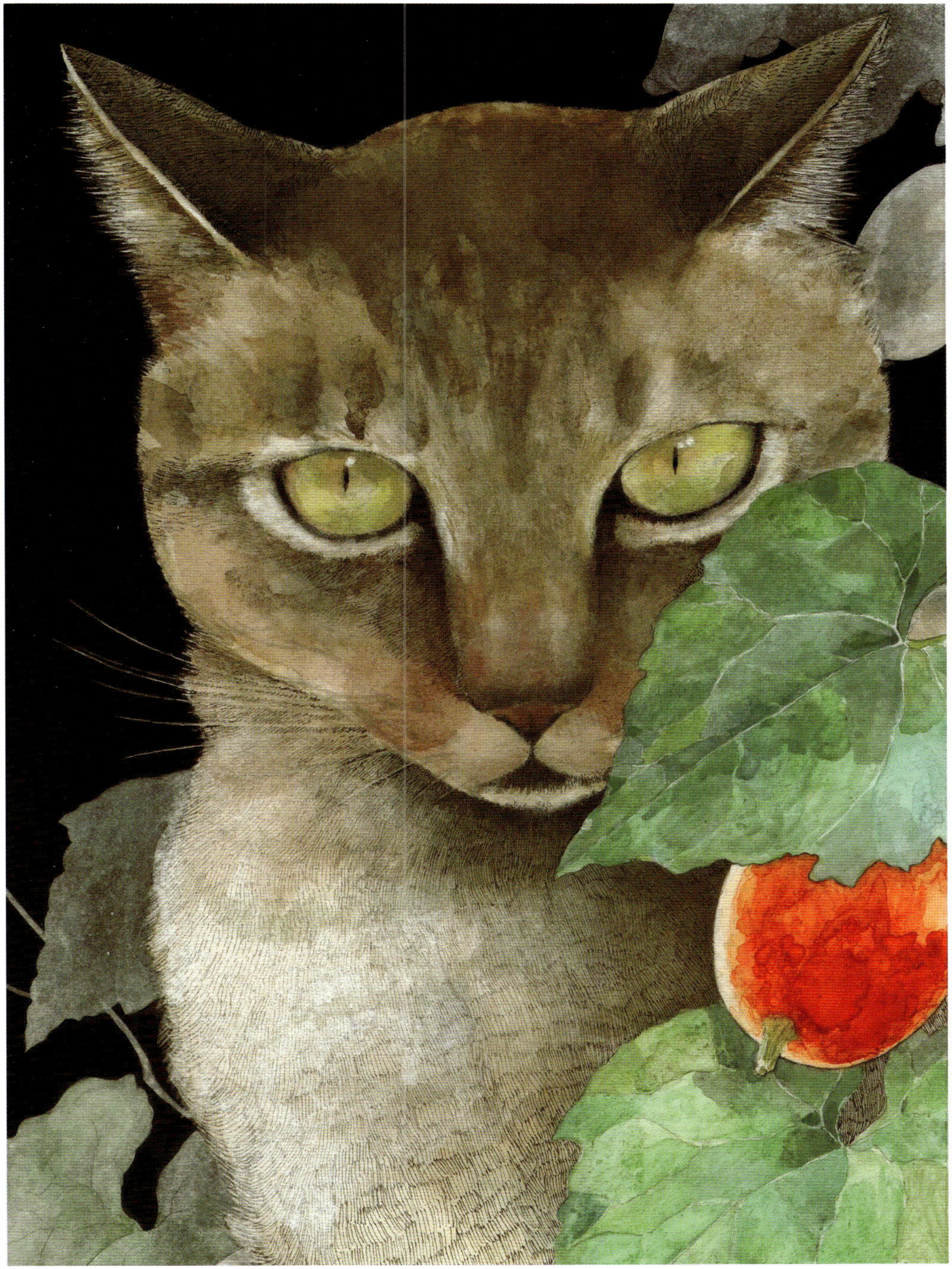

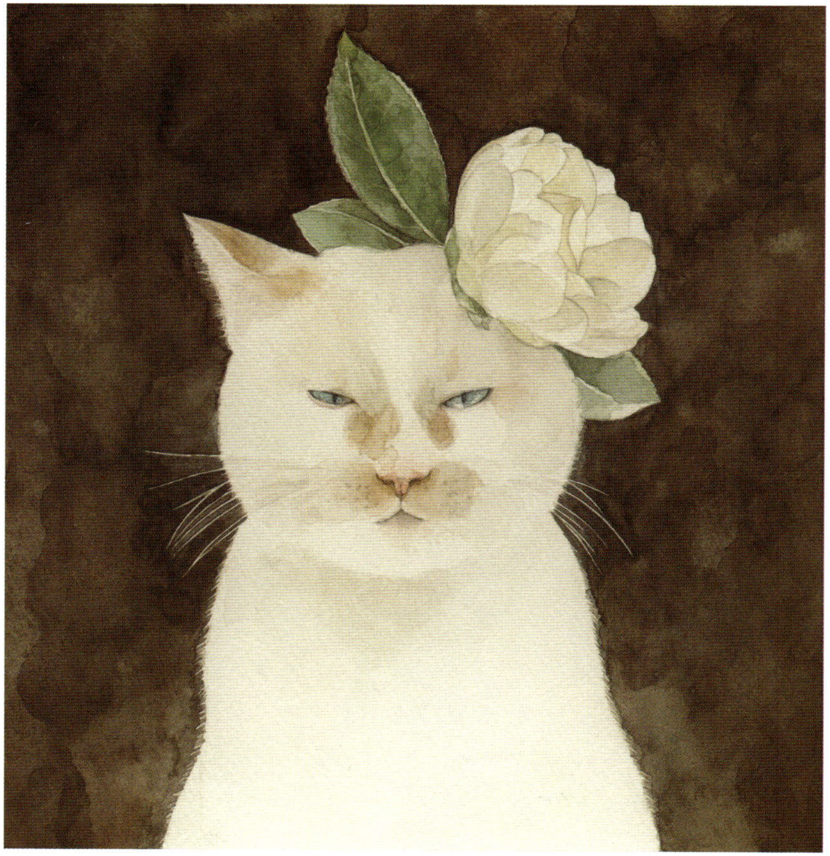

OBEN: Midori Yamada, *Suri-tsubaki* (*Weiße Kamelie*), 2010
RECHTS: Midori Yamada, *Hyakken-sensei no neko*
(*Die Katze von Herrn Hyakken*), 2011

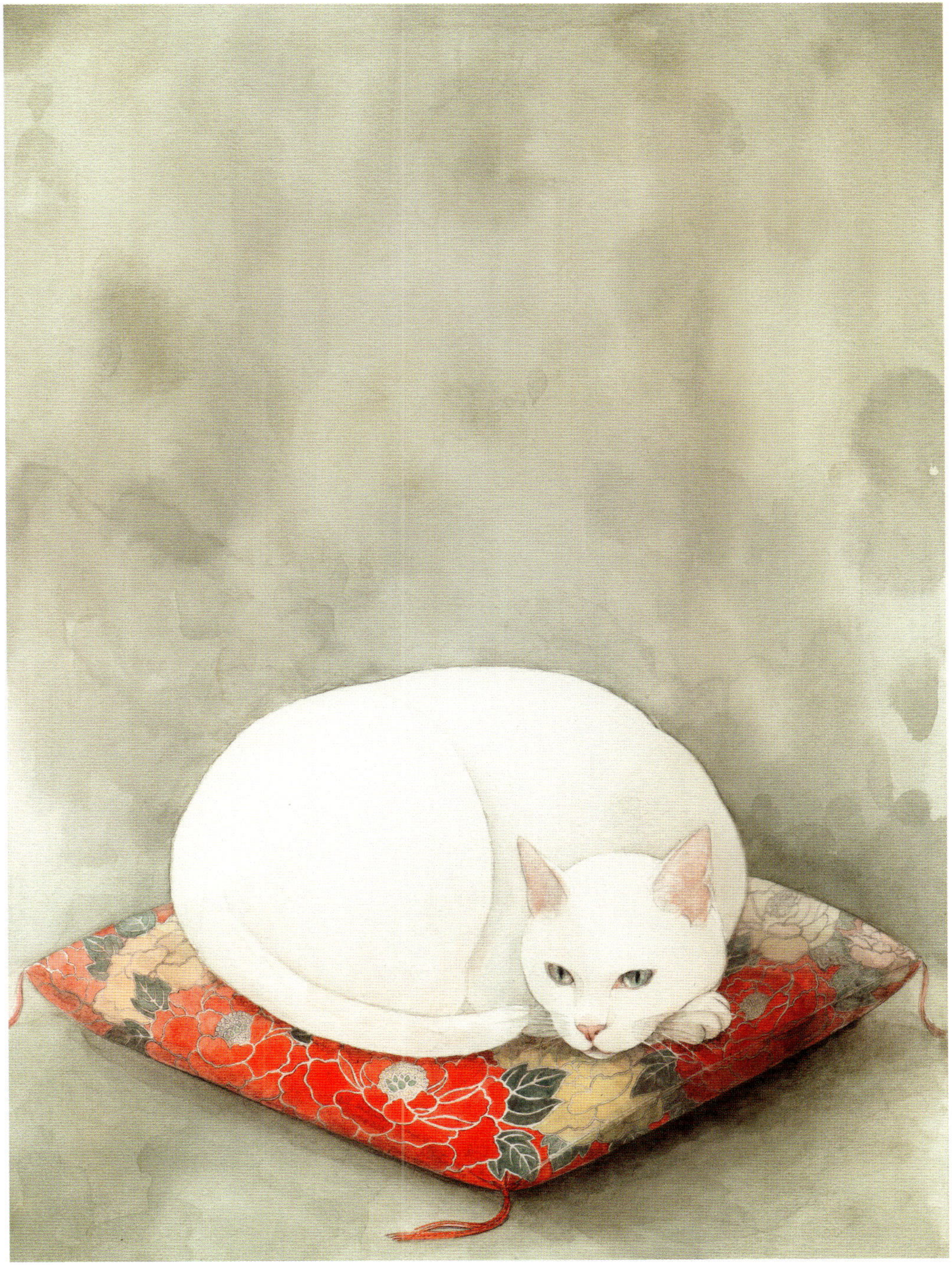

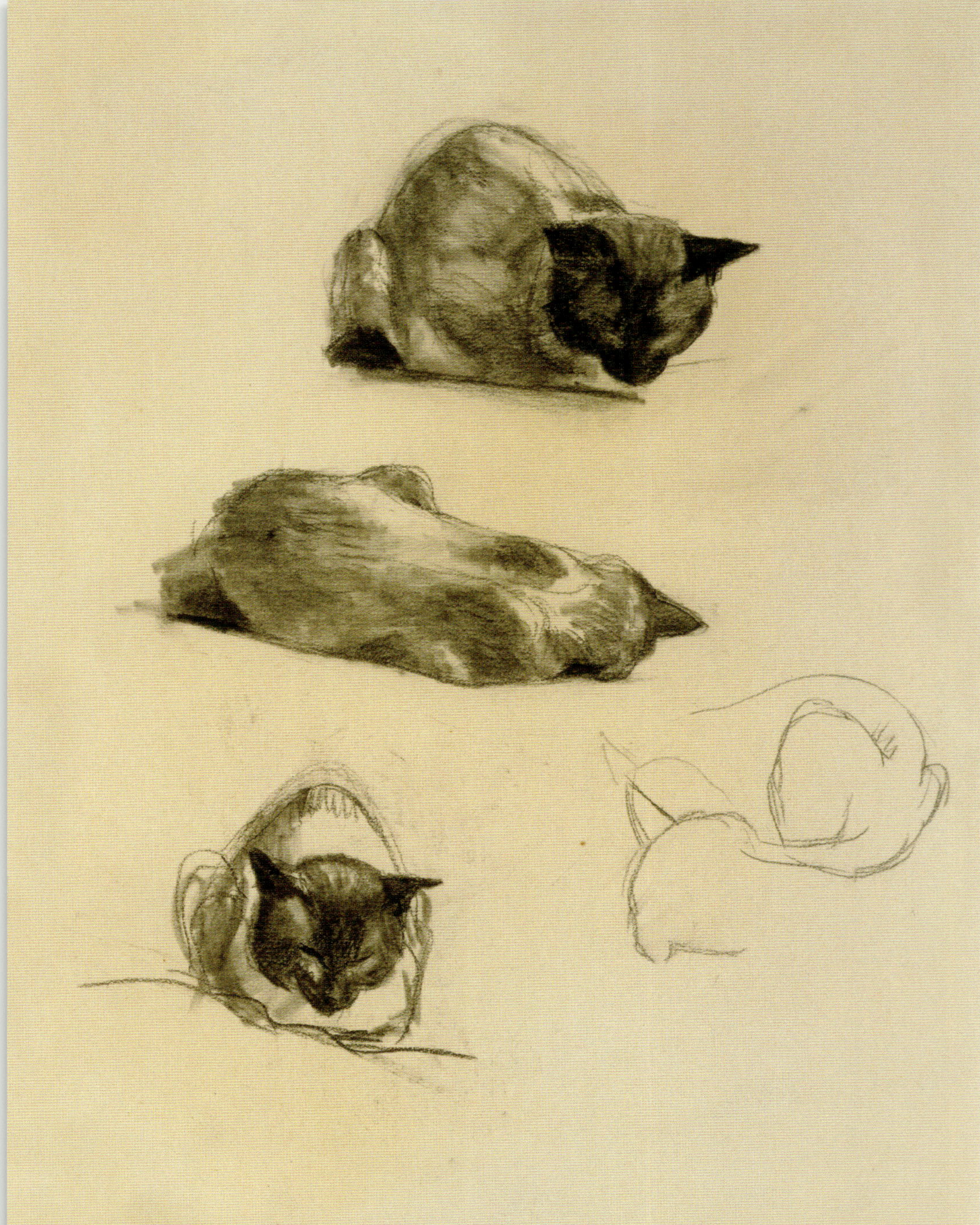

Edward Hopper, *Katzenstudie* (Detail), 1941

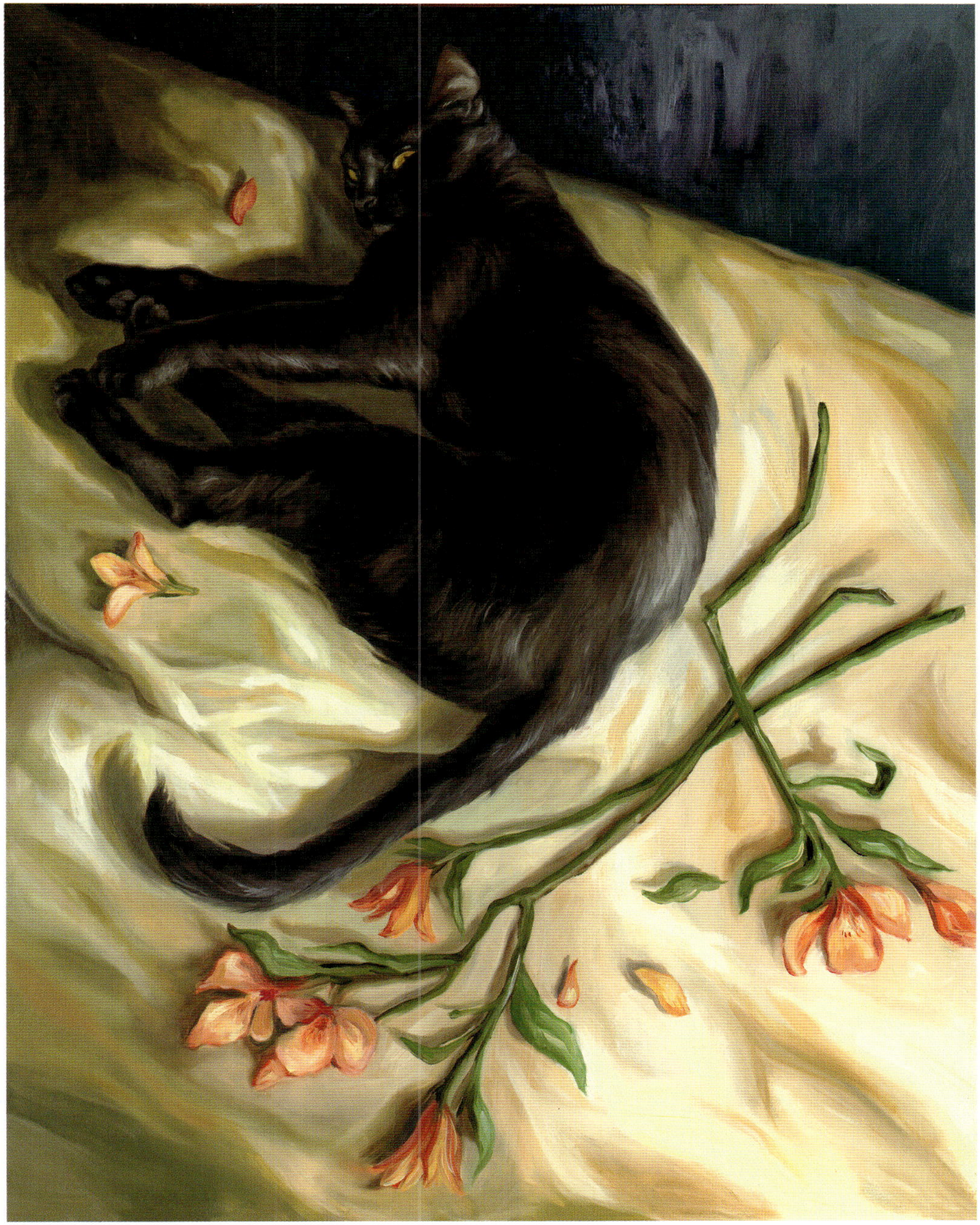

OBEN: Owen Smith, *Jilt*, 2012
FOLGENDE SEITEN: Jane Crowther, *Schwarze Katze*, 2010, und *Schwarze Katze*, 2002

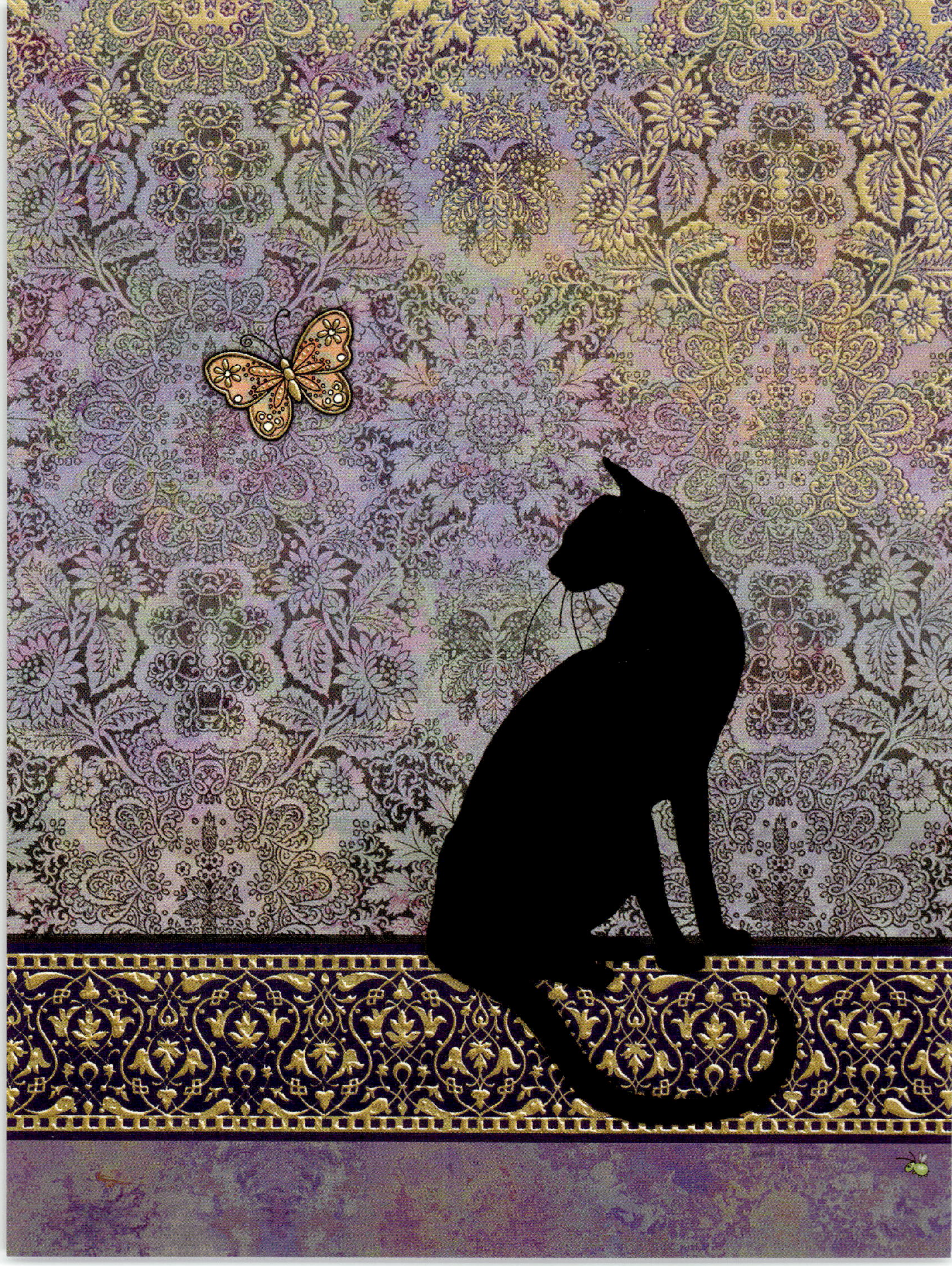

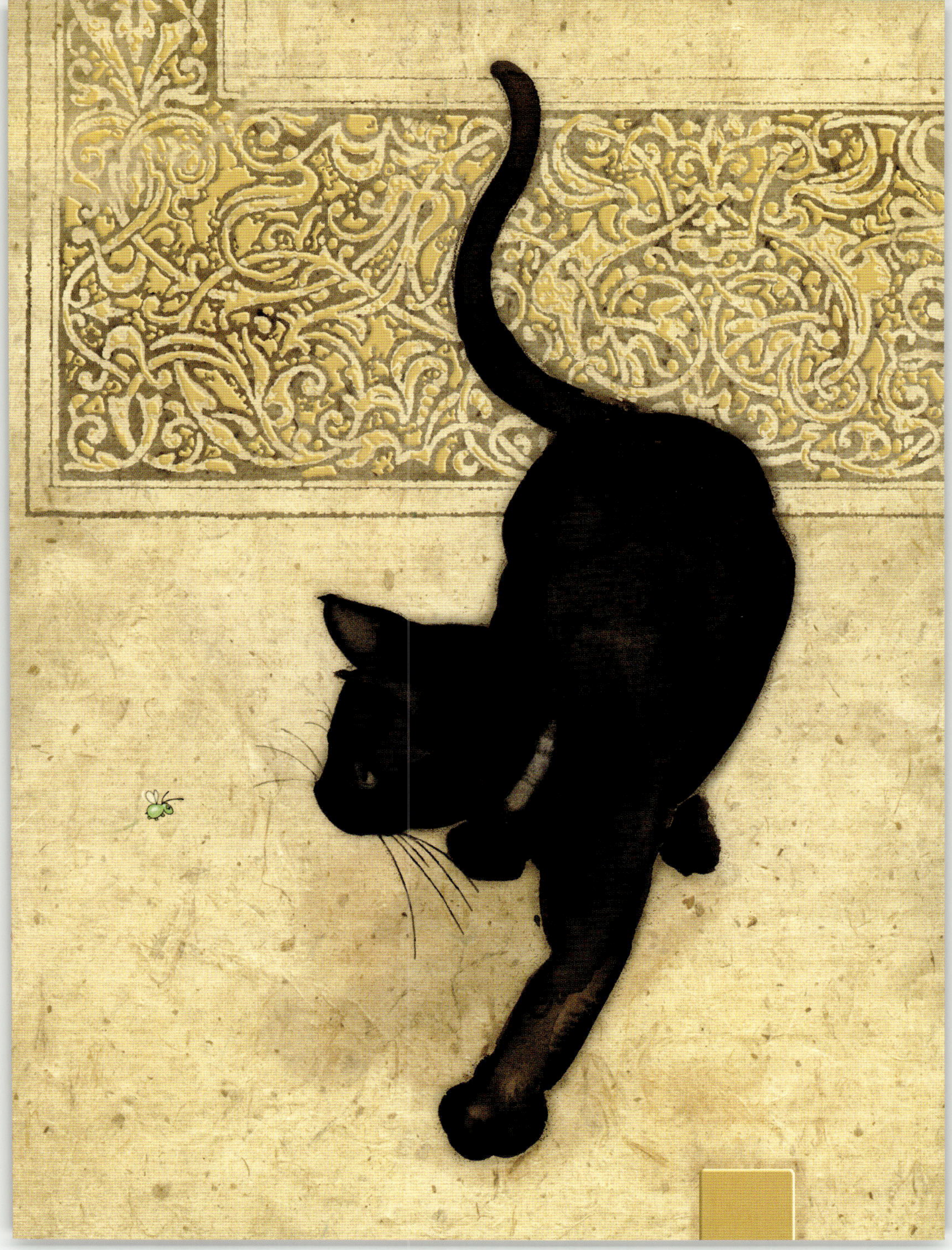

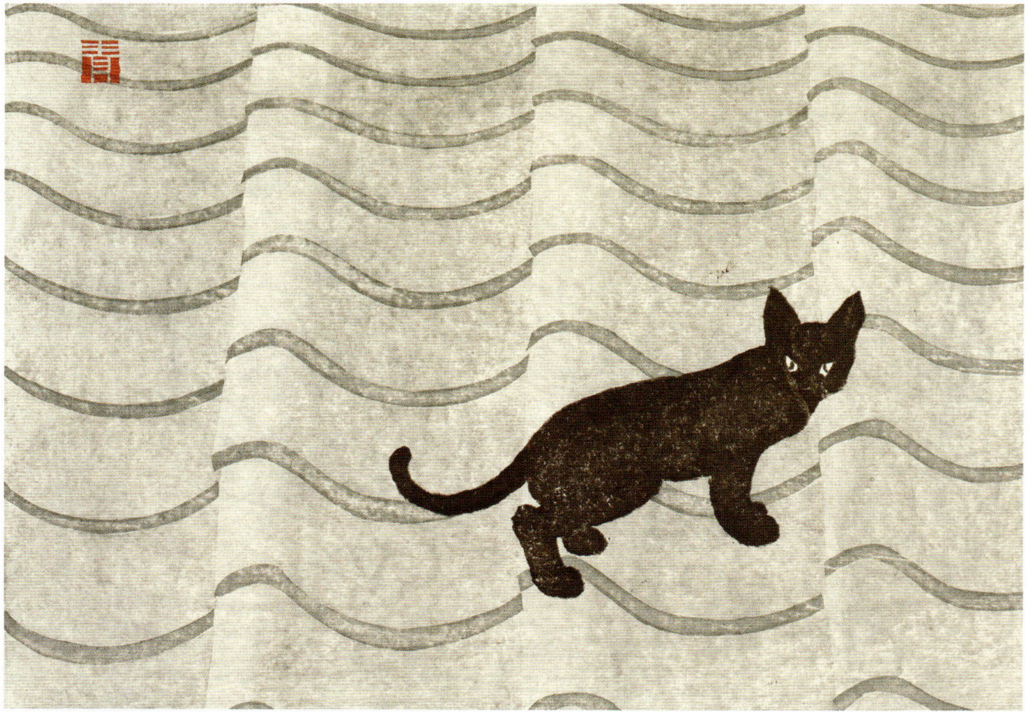

OBEN: Aoyama Masaharu, *Katze auf dem Dach*, 1950er-Jahre
RECHTS: David Konigsberg, *Mary stiehlt sich vorbei*, 2010
FOLGENDE SEITEN: Midori Yamada, *Oide* (*Komm*) und *Furui-ki* (*Alter Baum*), 2010

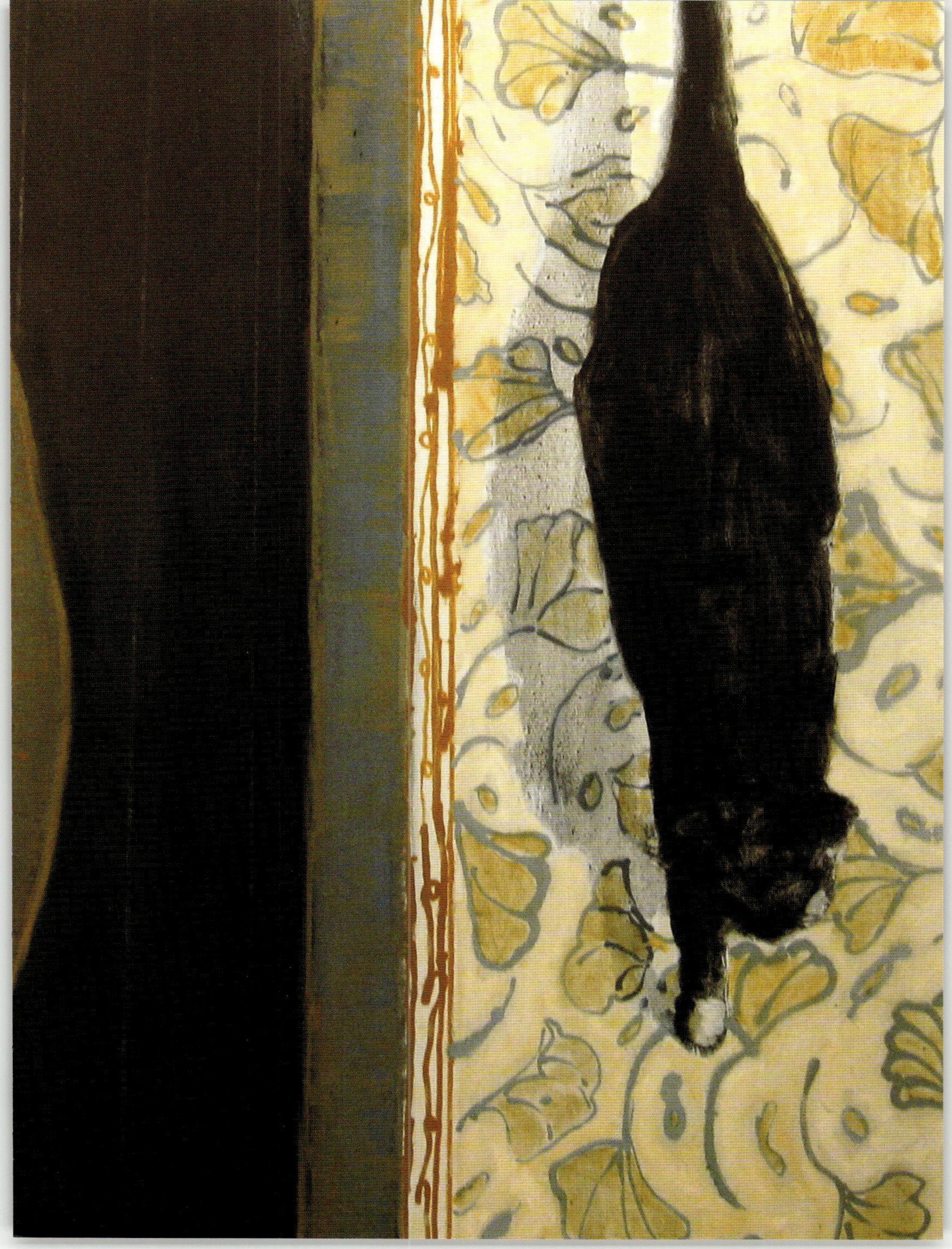

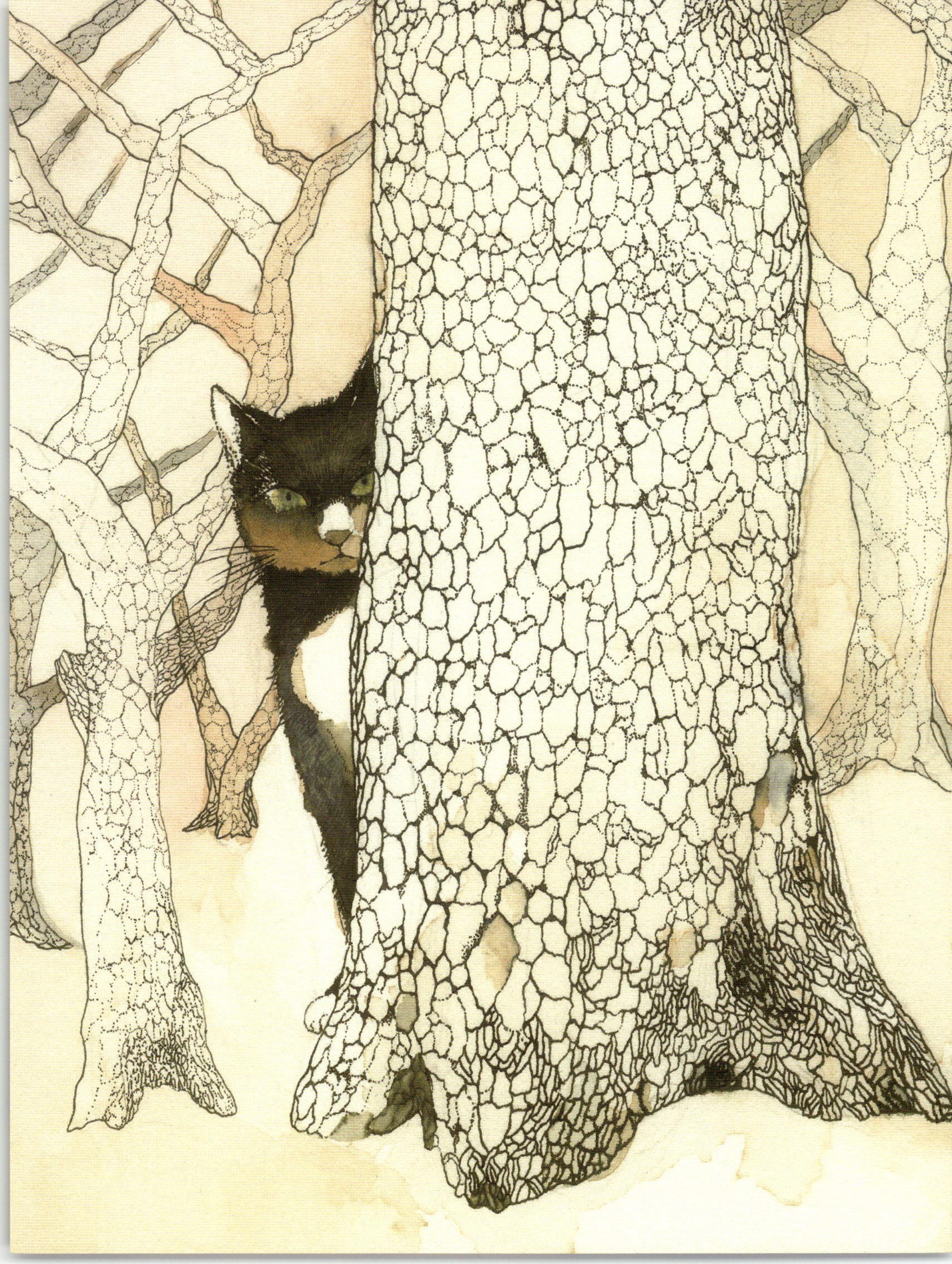

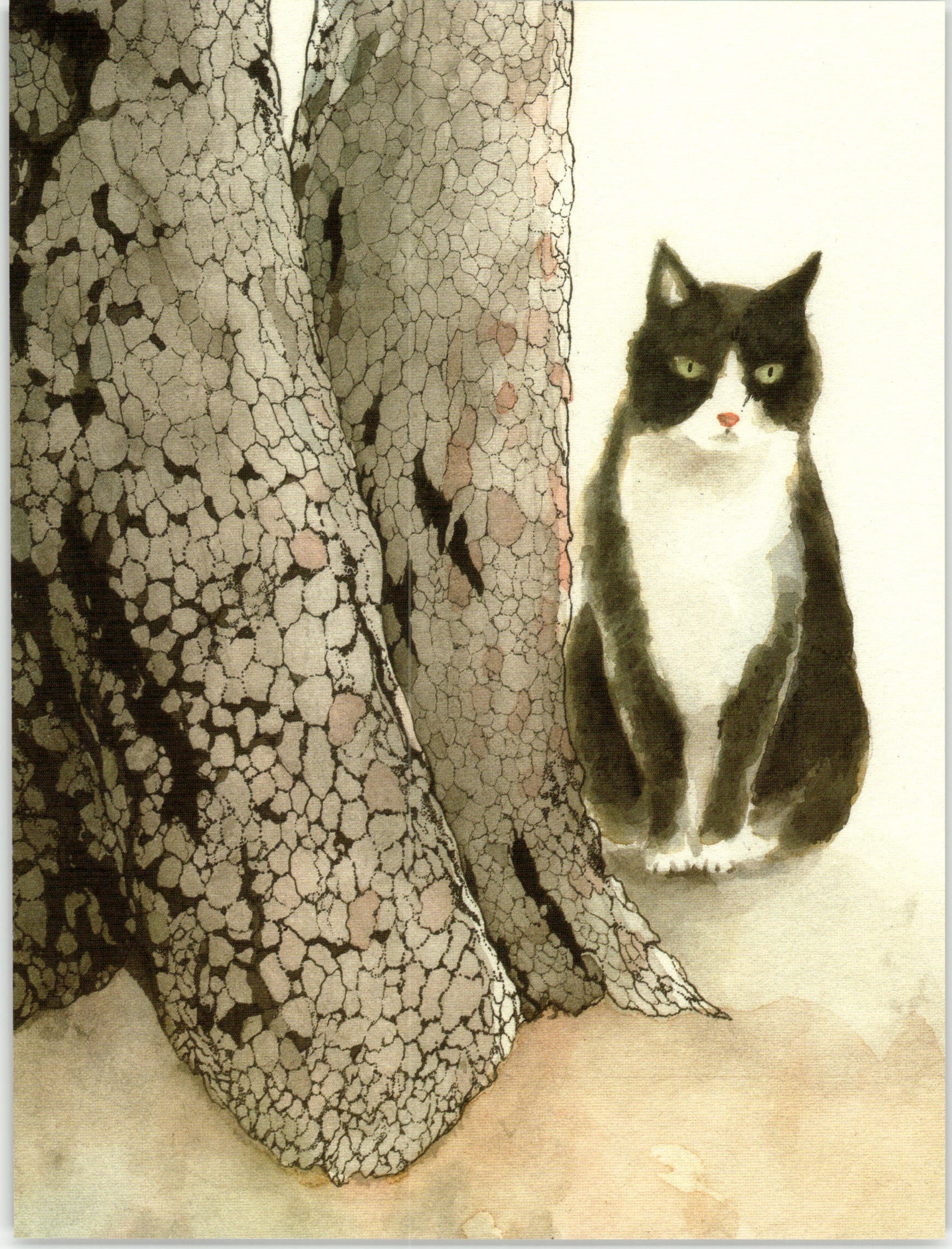

»Im Dschungel kleiner Sträucher
ist die Katze ein Löwe.«

INDISCHES SPRICHWORT

Midori Yamada, *Hiyodori* (*Orpheusbülbül*), 2011

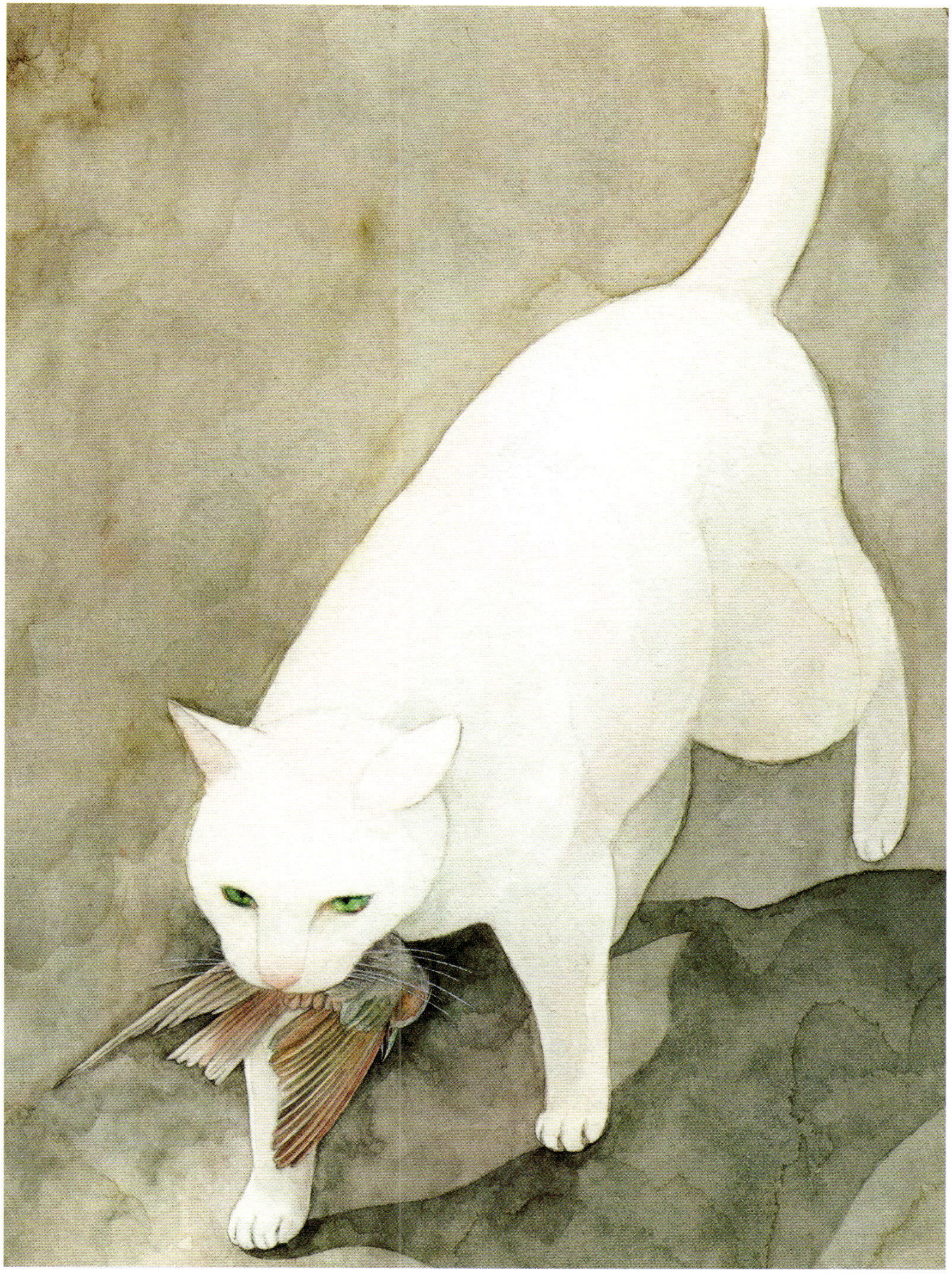

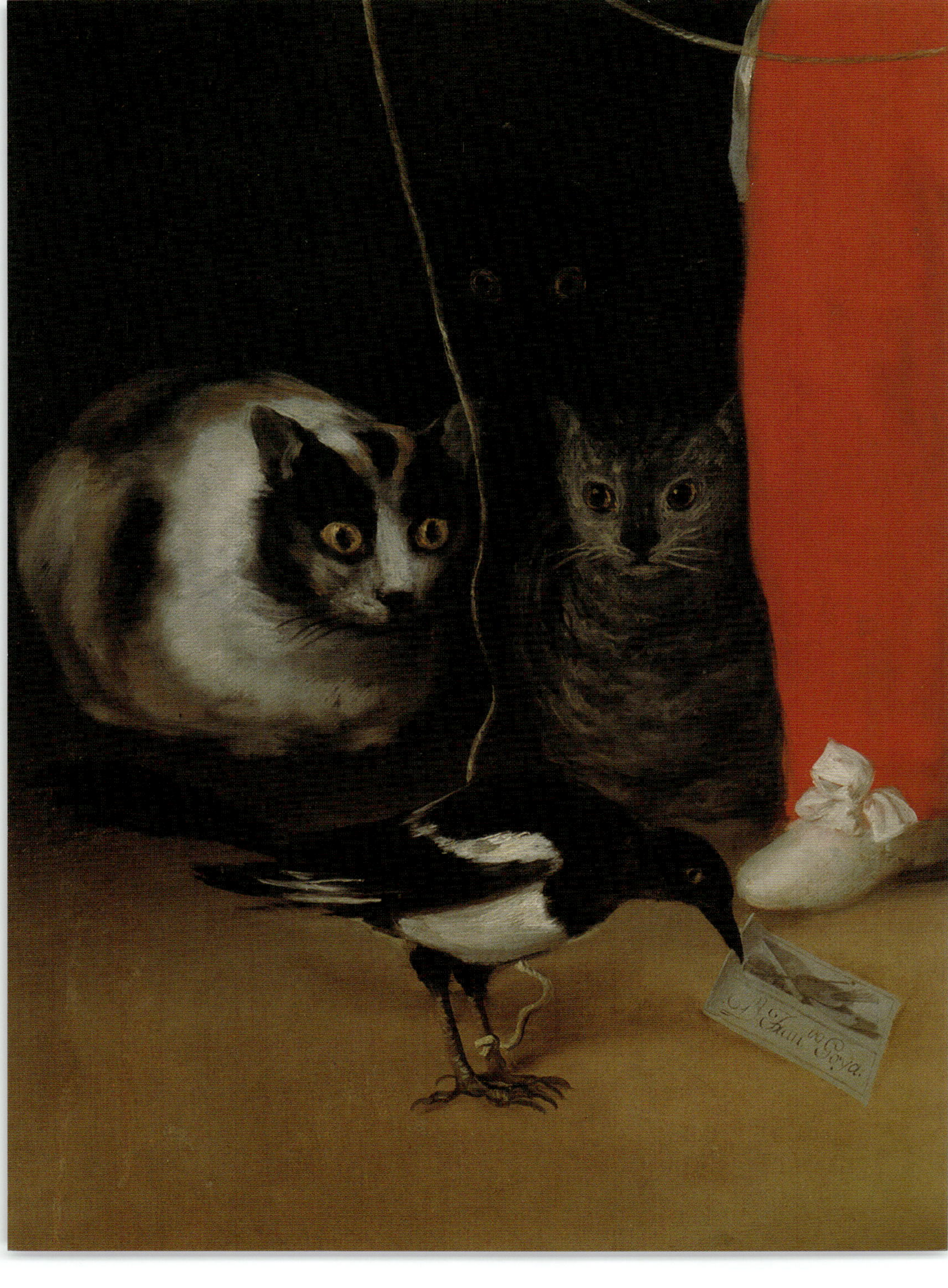

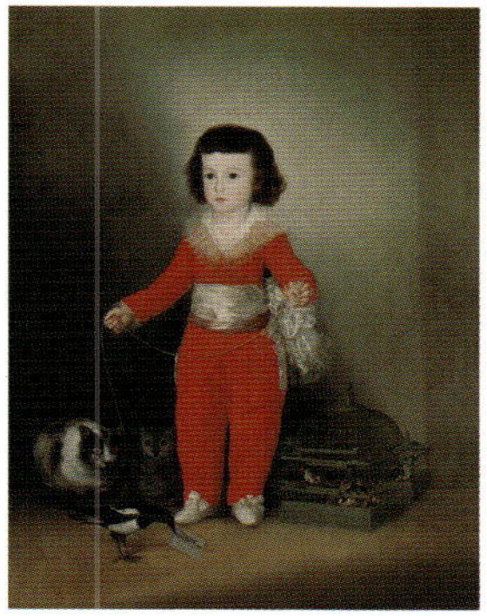

FRANCISCO DE GOYA

Manuel Osorio Manrique de Zúñiga (Detail)

um 1790

Francisco de Goyas symbolträchtiges Porträt zeigt den Sohn einer der bedeutendsten Familien Spaniens, der nur acht Jahre alt wurde. Katzen tauchen in vielen von Goyas Gemälden auf, oft jedoch als wild fauchende, kämpfende Raubtiere. Auf den ersten Blick scheinen es hier nur zwei Tiere zu sein, doch bei näherem Hinsehen entdeckt man im Dunkeln hinter den beiden Katzen eine dritte. Wer schon einmal Katzen auf der Vogeljagd beobachtet hat, schmunzelt unwillkürlich über diese drei, die gebannt die vor ihrer Nase umherstolzierende Elster anstarren. Mit boshaftem Humor gab Goya der linken Katze buchstäblich Stielaugen, wie wir sie aus Zeichentrickfilmen, etwa *Tom und Jerry*, kennen. Das Bild hängt im Metropolitan Museum in New York und verdeutlicht heutigen Kindergenerationen vielleicht, wie einfach das Leben sein kann, wenn man nicht in einen roten Samtanzug mit steifem Spitzenkragen gezwängt ist und nur eine Elster an einer Schnur, einen Käfig voller Finken und ein Trio glotzender Katzen als Spielkameraden hat.

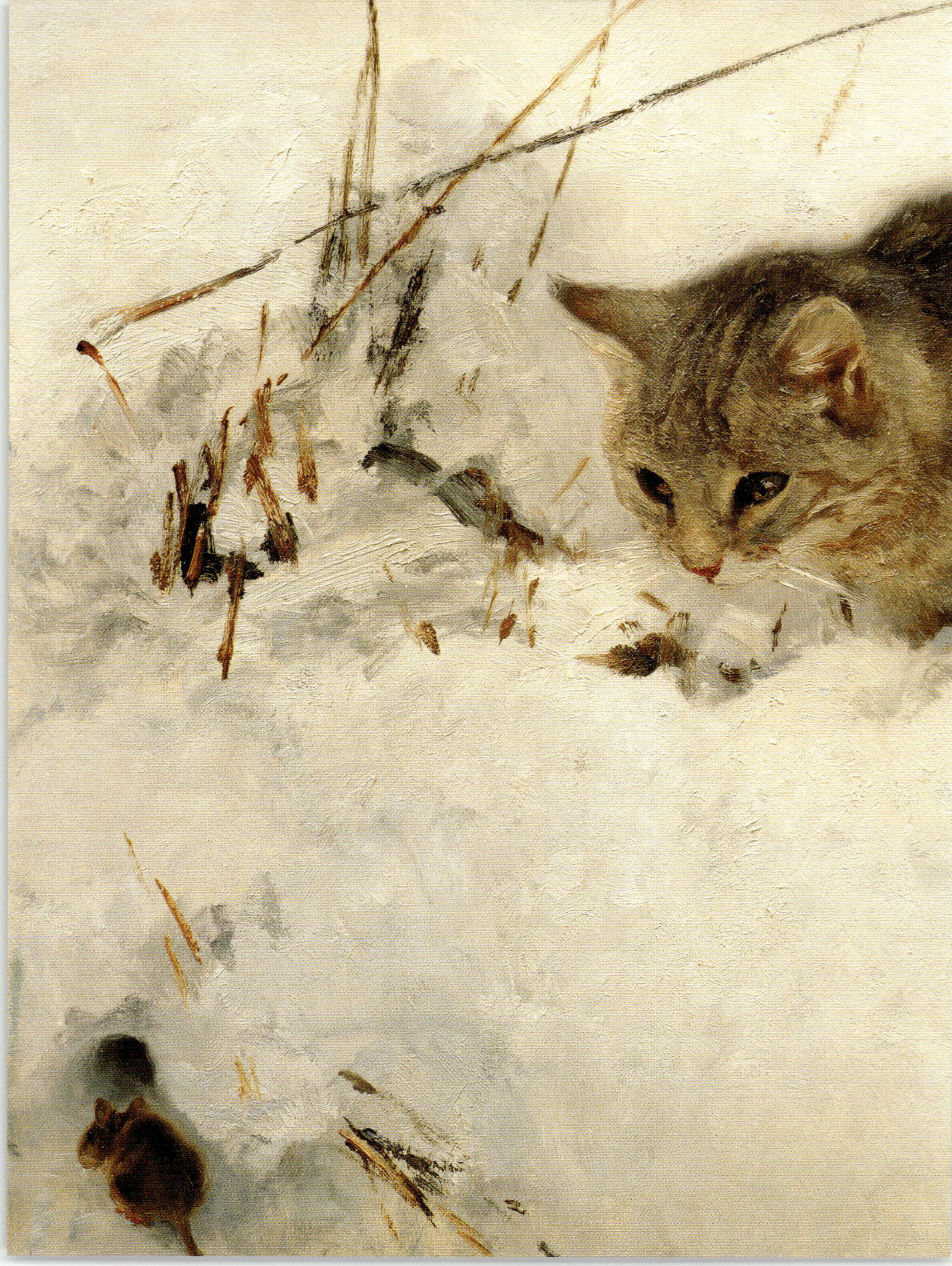

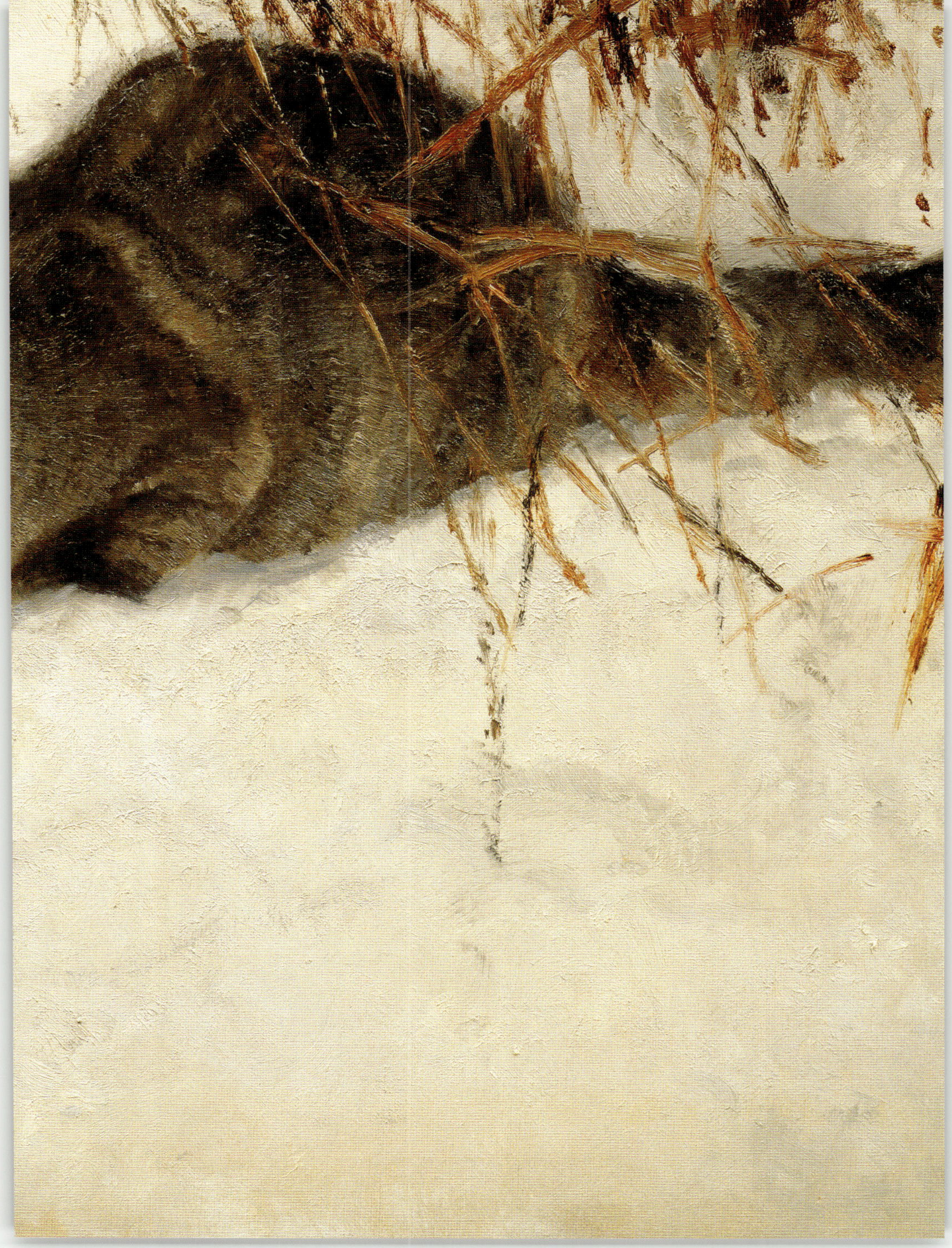

DER KLEINE

Spatz

LEBT
AUSGESPROCHEN

gefährlich.

RECHTS: Diane Hoeptner, *Im Schatten*, 2014
VORHERGEHENDE DOPPELSEITE: Bruno Liljefors, *Katze im Schnee, einer Maus auflauernd*, 1892

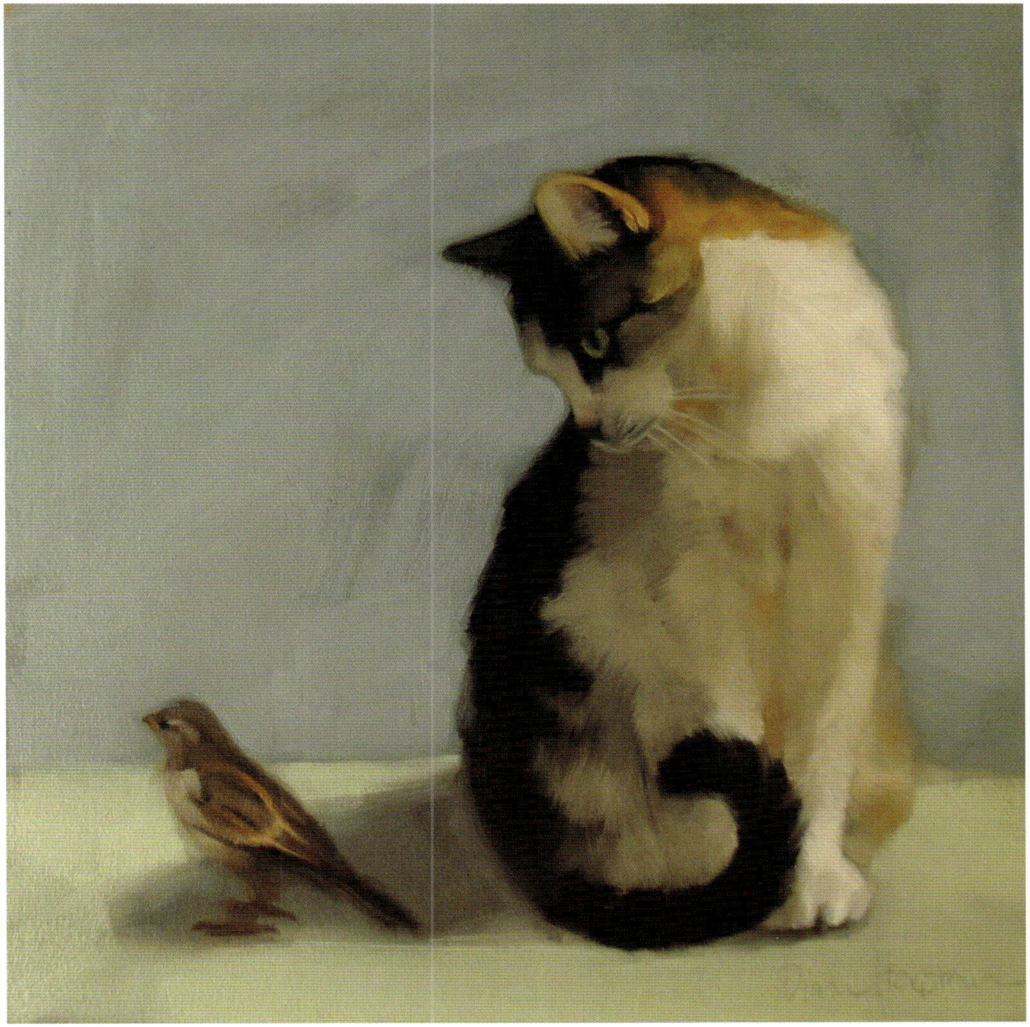

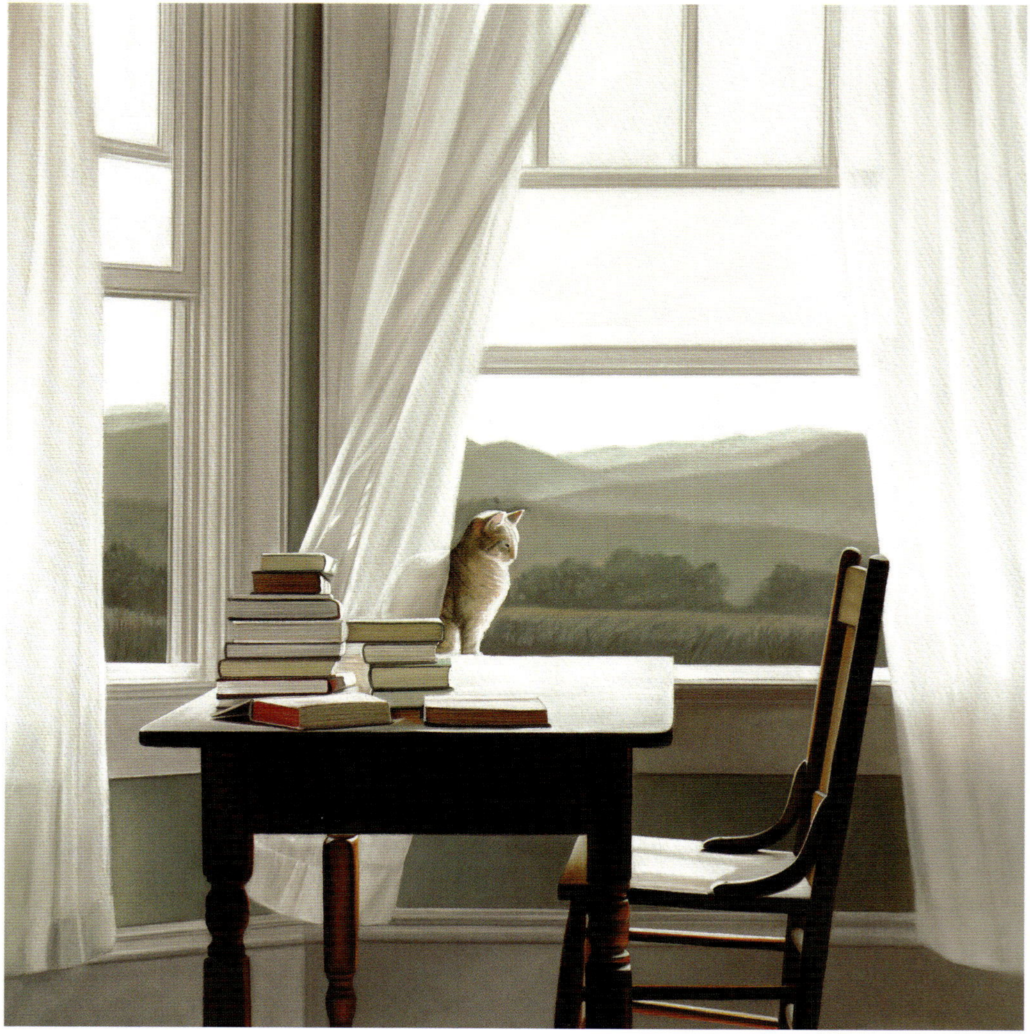

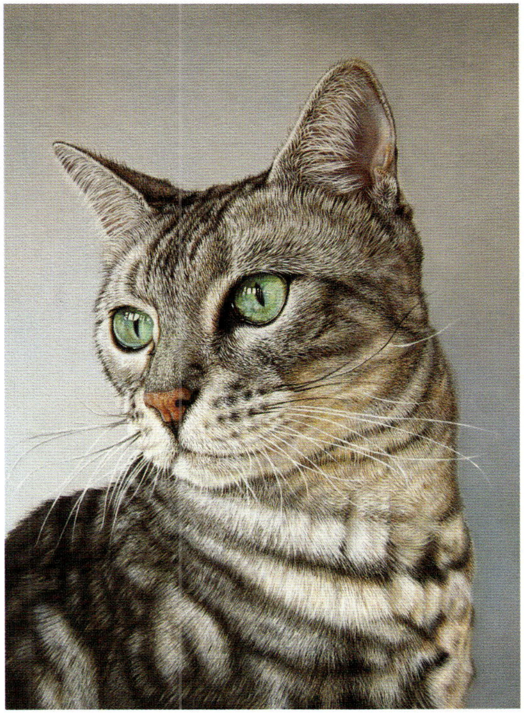

OBEN: Sara Butt, *Hübscher Kerl (Arty)*, 2015
LINKS: Karen Hollingsworth, *Verbunden*, 2010

DAVID HOCKNEY

Mr. und Mrs. Clark und Percy

1970–1971

Das Porträt der Clarks ist einer der Publikumsmagnete in der Tate Modern in London. Es zeigt David Hockneys Freunde, den gefeierten Modeschöpfer Ossie Clark und seine Frau, die Textildesignerin Celia Birtwell. Gemalt wurde das Gemälde im Schlafzimmer ihrer Wohnung in Notting Hill. Hockney fand den Lichteinfall dort schöner und ließ daher den Raum durch das Mobiliar und den gewählten Ausschnitt wie ein Wohnzimmer wirken. Doch noch etwas entspricht in diesem Bild nicht dem, was es vorgibt zu sein: Das Paar hatte zwei weiße Katzen, den besagten Percy und seine Mutter Blanche, die stolze 22 Jahre alt wurde. Percy war ein wenig untersetzt (Celia nannte ihn liebevoll einen nicht ganz hellen Koloss), Blanche hingegen eine elegante Katzendame. Die Katze, die so anmutig auf Ossies Knie balanciert und sehnsüchtig durch das offene Fenster nach draußen schaut, ist eigentlich Blanche. Hockney war allerdings der Meinung, dass »Mr. und Mrs. Clark und Blanche« nicht gut klinge, und setzte so das Täuschungsmanöver fort.

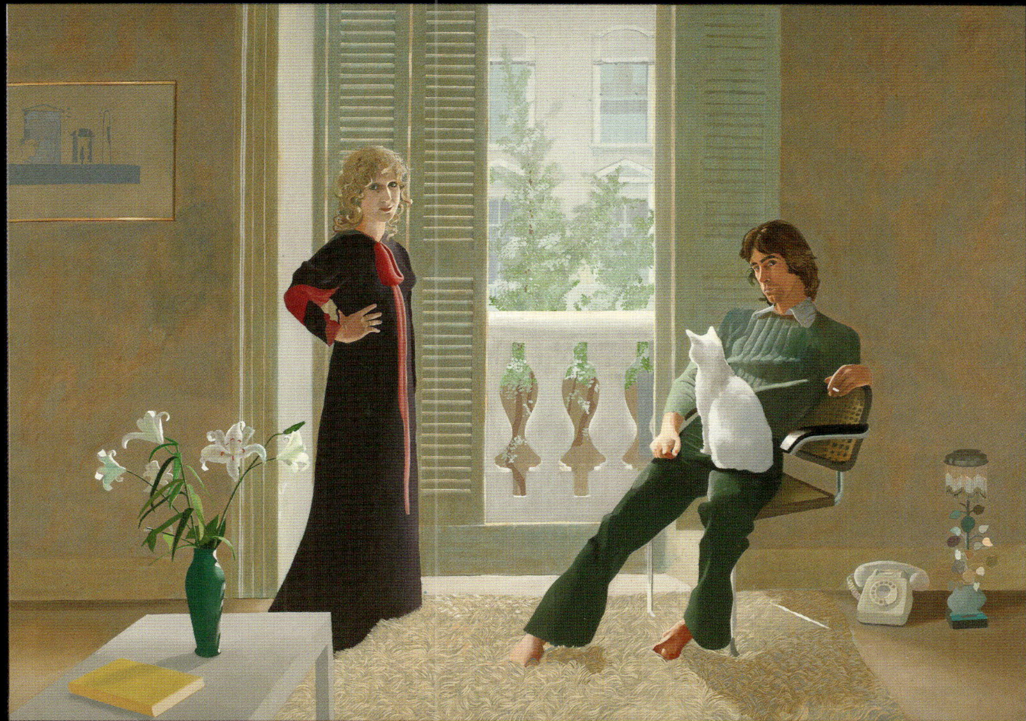

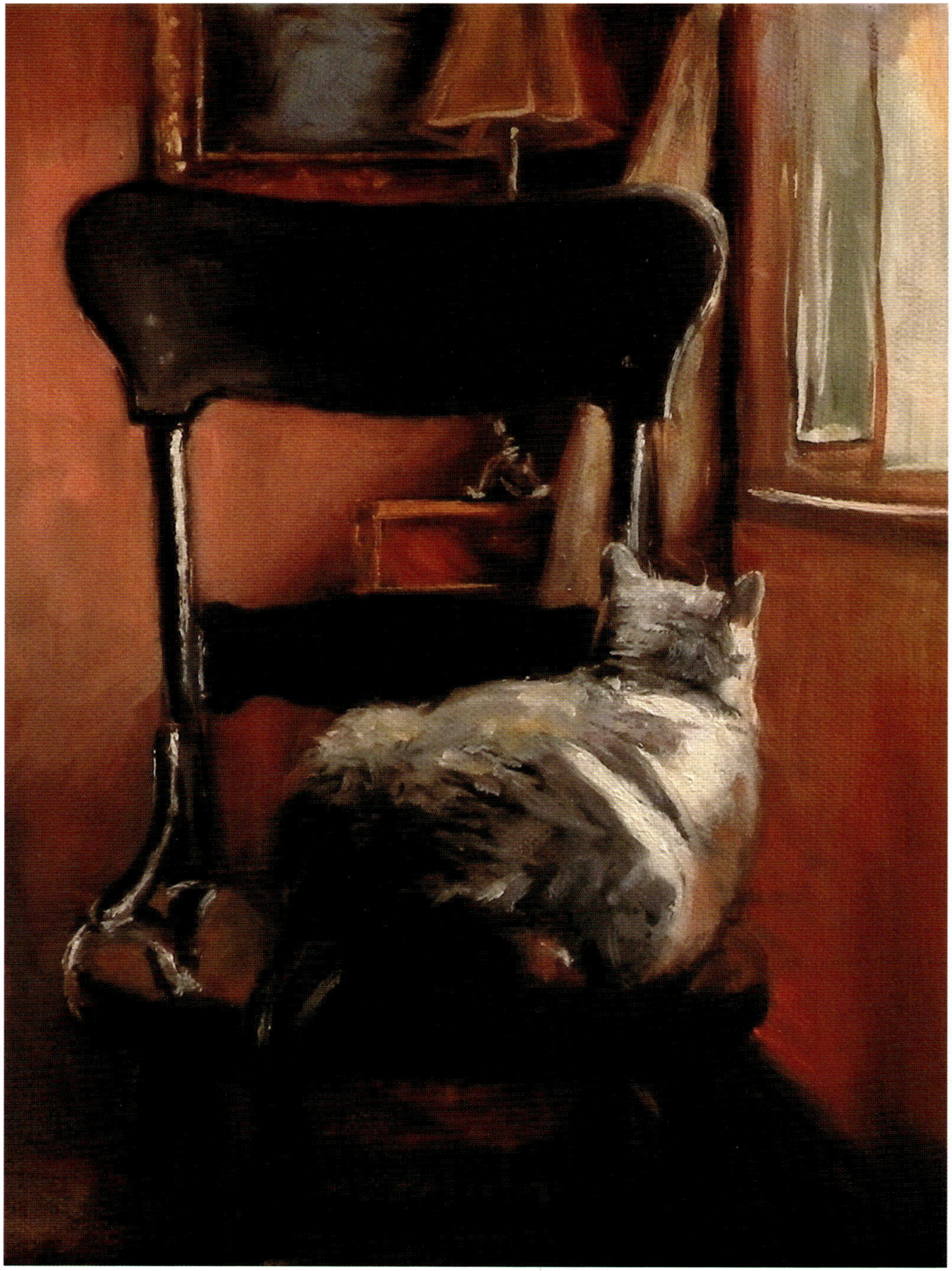

»Wer von einer Katze ignoriert wird,
begreift, was Zurückweisung wirklich heißt.«

ANONYM

Jonelle Summerfield, *Vogelbeobachtung*, 2014

FRANZ MARC

Die weiße Katze

1912

Franz Marcs rasanter Aufstieg als neuer Stern am Himmel der europäischen Avantgarde fand im Ersten Weltkrieg viel zu früh ein tragisches Ende, als er vor Verdun fiel. In der kurzen Zeit, die ihm vergönnt war, malte er immer wieder Tiere, von Pferden über Füchse und Rehe bis zu Tigern. Die geradezu magische Ausstrahlung seiner farbenprächtigen Bilder spiegelt seine Liebe zur Tierwelt in all ihren Gestalten. Seine weiße Katze ruht in typischer Schlafstellung, aber das gespitzte Ohr verrät, dass sie wachsam ist. Ihre Augen sind zwar nicht zu sehen, doch ist bekannt, dass weiße Katzen meist blaue, orangegelbe oder zweifarbige Augen haben. Sind sie blau, ist die Katze sehr wahrscheinlich taub.

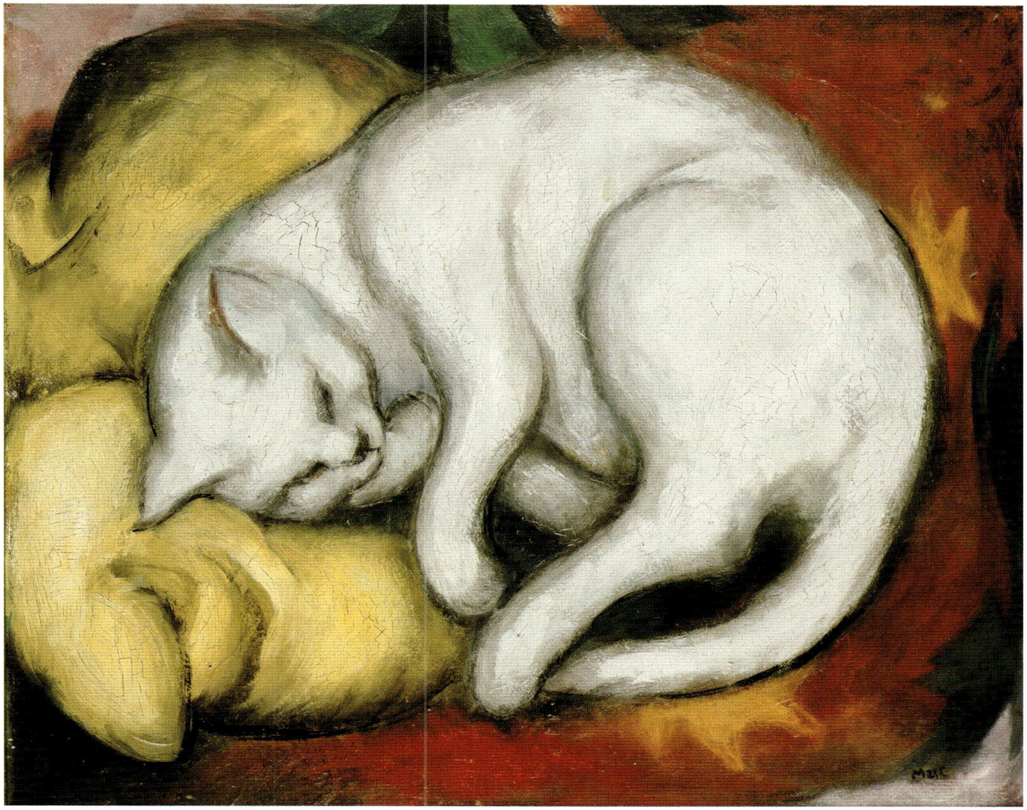

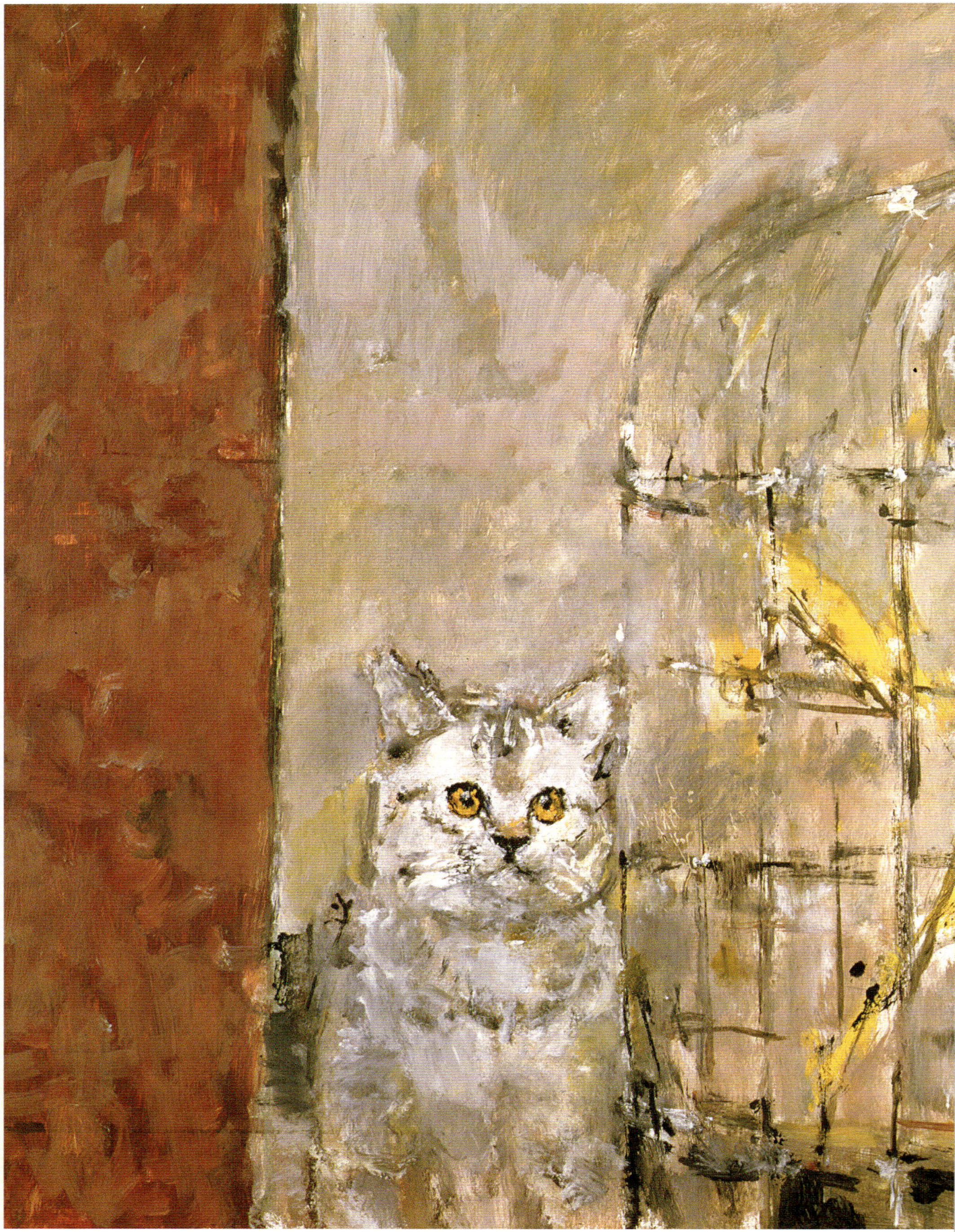

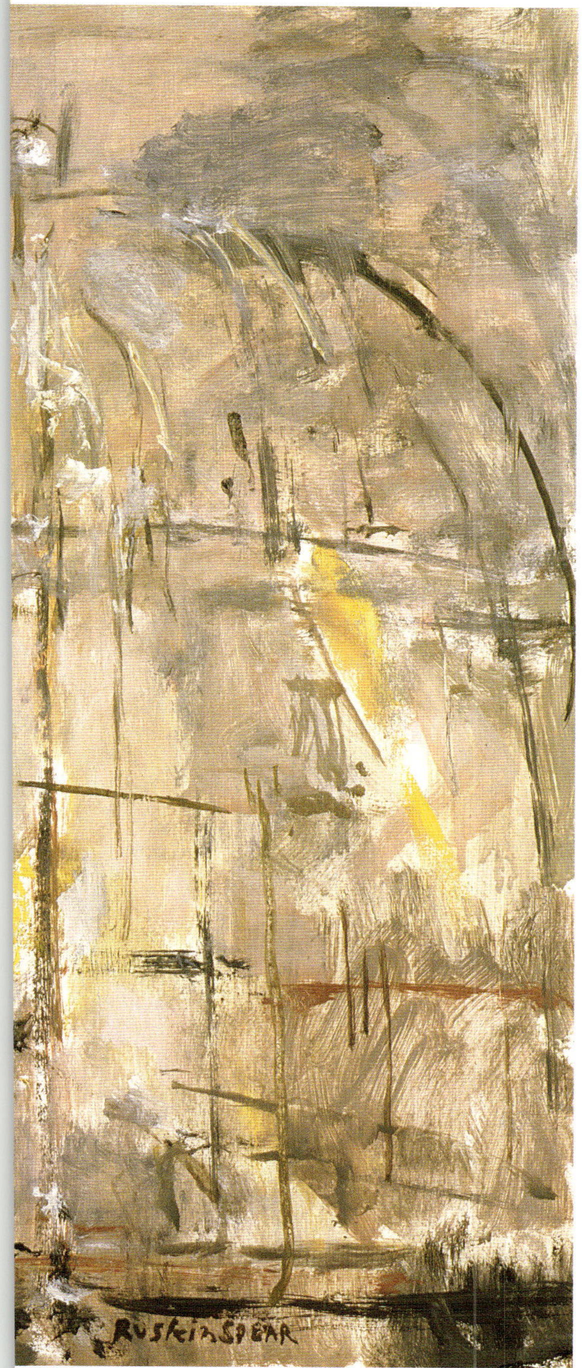

Ruskin Spear, *Katze und Kanarienvögel*, Ende der 1980er-Jahre

SEBASTIANO LAZZARI

Stillleben mit Katze

um 1770

Wer nicht weiß, wie Katzen denken, könnte irrtümlich meinen, in diesem opulenten venezianischen Stillleben mopse die Katze gerade eine Scheibe Wurst. Das stimmt natürlich nicht. Katzen unterscheiden nicht zwischen Mein und Dein, genauso wie sie nicht verstehen, wofür Menschen Türen brauchen (in ihren Augen sind das hirnrissig platzierte Hindernisse). Was uns gehört, ist automatisch auch ihr Eigentum, und wenn sie es essen, kaputt machen, damit spielen oder sich daraufsetzen wollen, dann tun sie es ungeniert, ob es uns passt oder nicht. Während ein Hund genau weiß, warum Herrchen böse auf ihn ist, und gebührende Reue zur Schau trägt, stolziert die Katze mit einem Achselzucken seelenruhig von dannen: »Selbst schuld, wenn du einen Teller feinster Salami offen auf dem Tisch stehen lässt!«

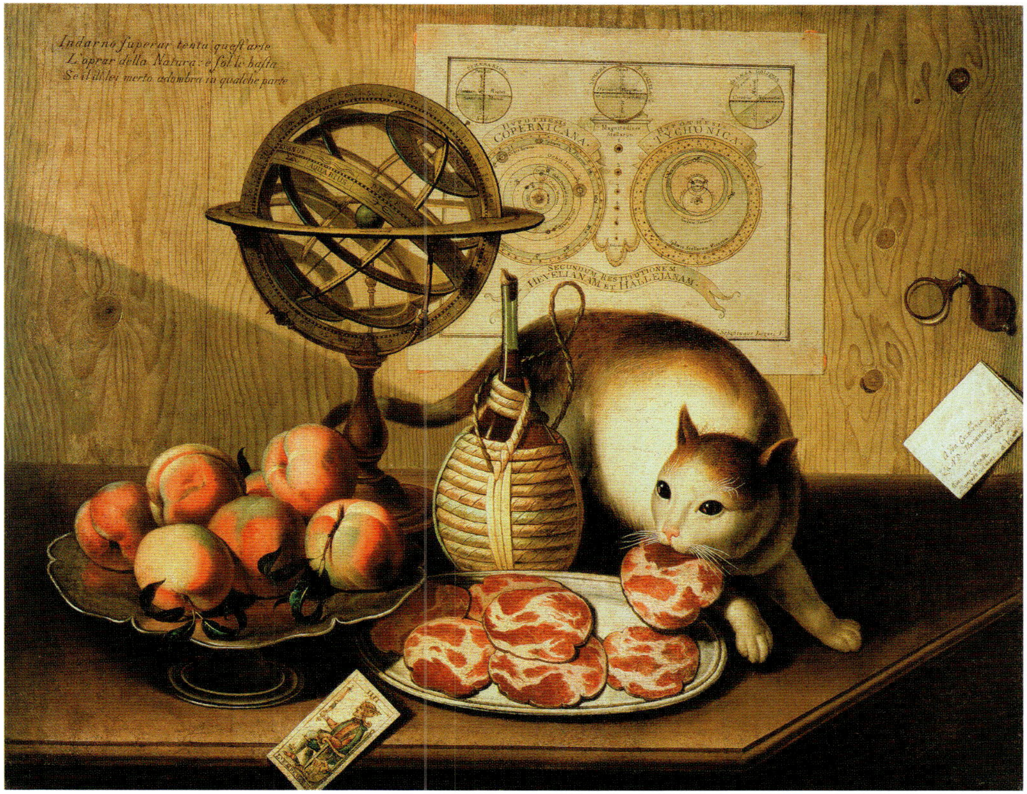
Indarno ſuperar tenta queſt'arte
L'oprar della Natura: e ſol le baſta
Se il di lei merto adombra in qualche parte
COPERNICANA
TYCHONICA
SECUNDUM RESTITUTIONEM
HEVELIANAM ET HALLEJANAM

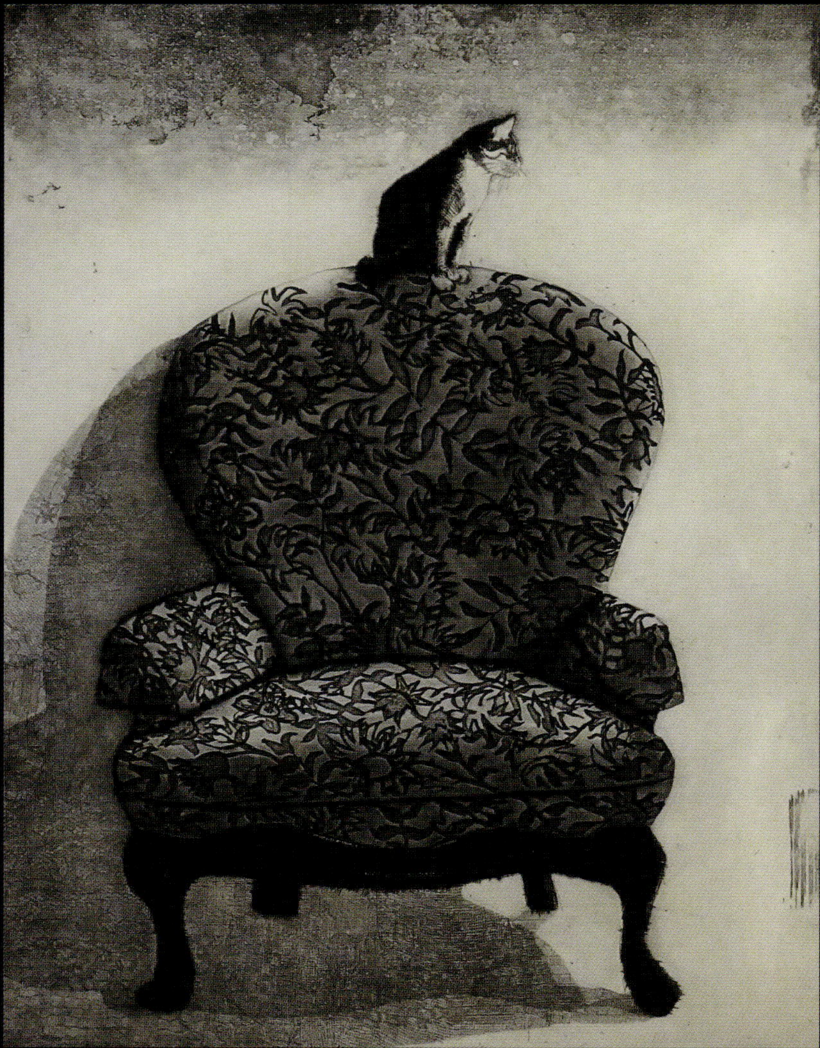

Larry Welo, *Die Außenseiter-Katze*, 2004

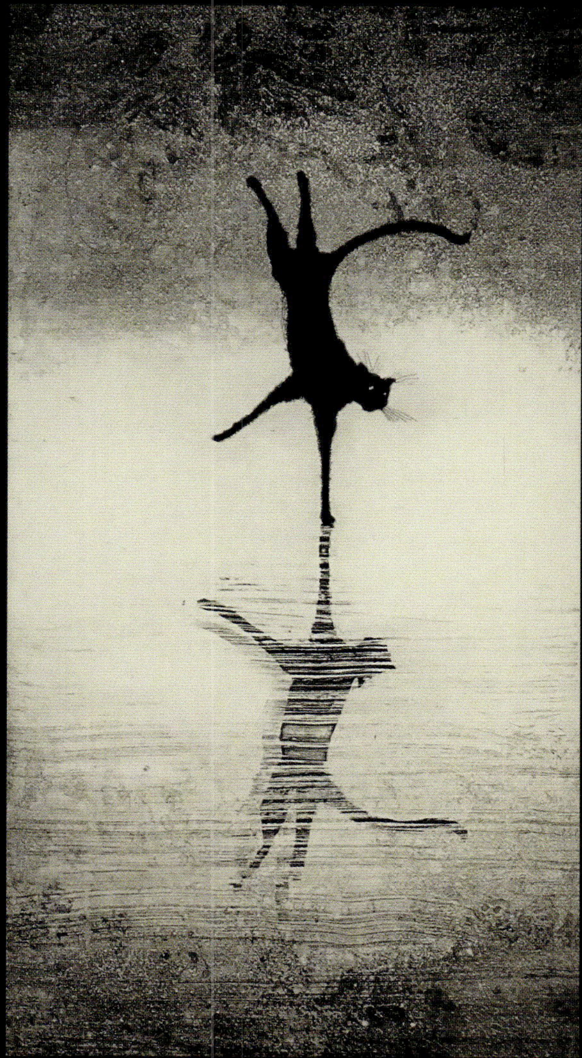

Larry Welo, *Déjà-vu*, 2002

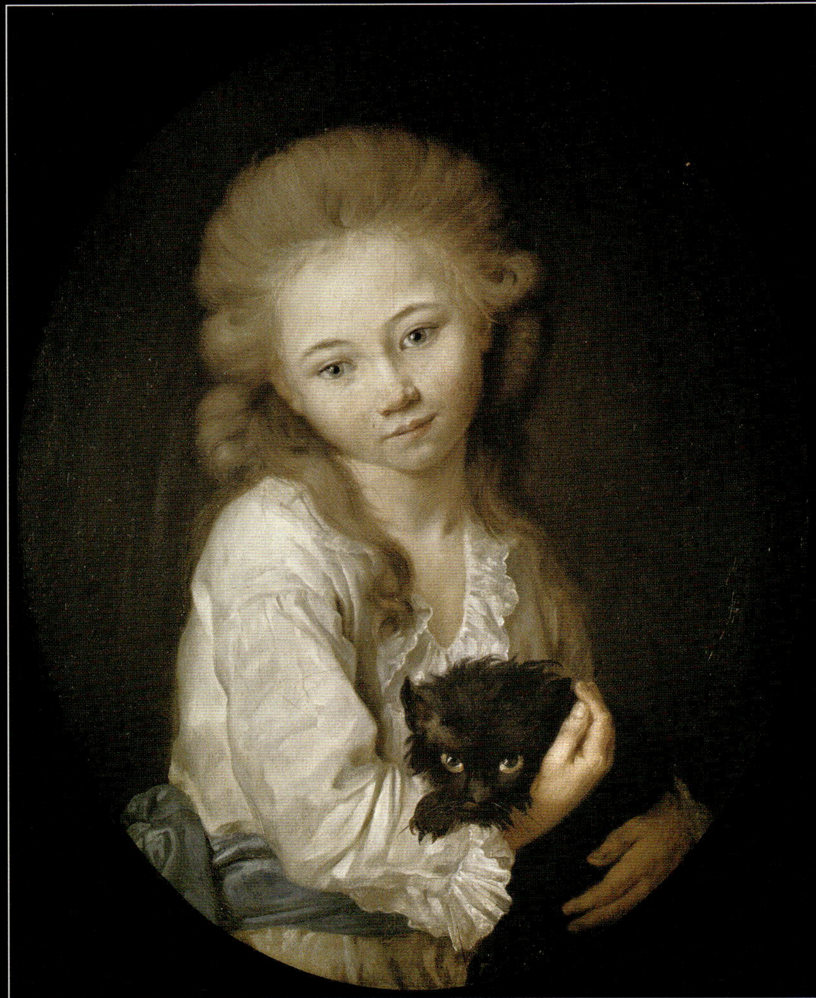

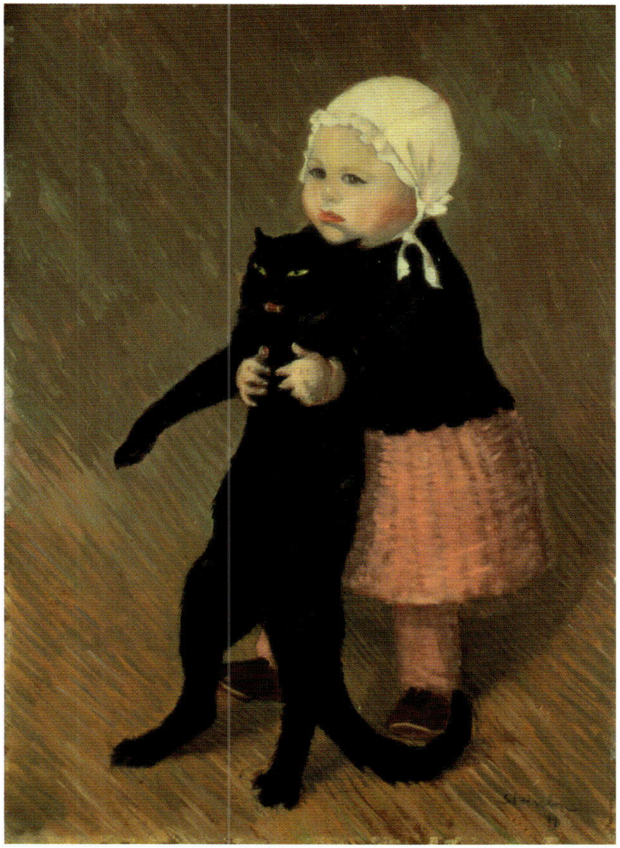

OBEN: Théophile-Alexandre Steinlen, *Kleines Mädchen mit Katze*, 1889
LINKS: Jean-Baptiste Greuze, *Ésprit de Baculard d'Arnaud*, 1776

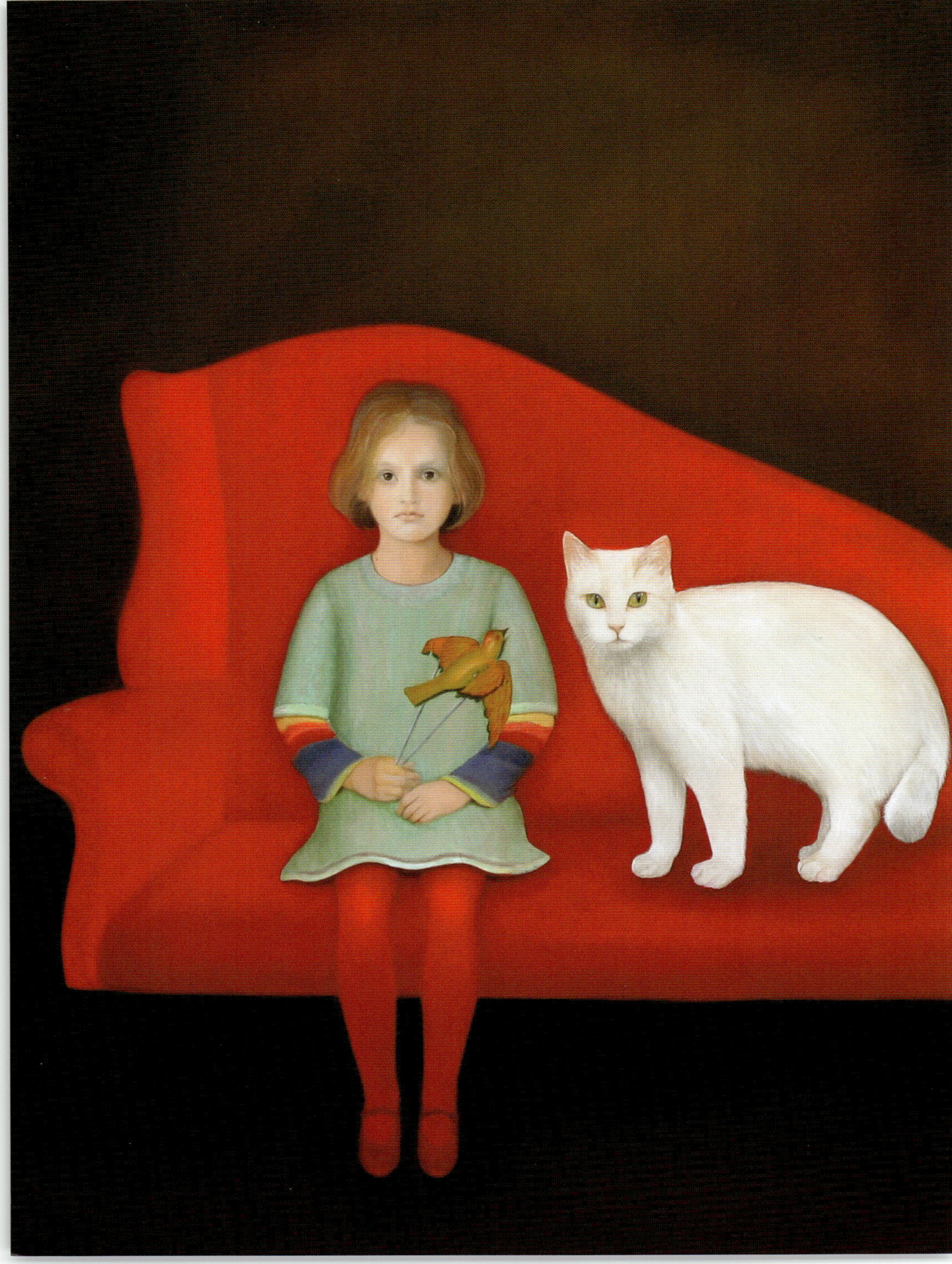

»DU BIST

meine Katze,

UND ICH BIN

dein Mensch.«

HILAIRE BELLOC

LINKS: Norma Bessouet, *Familienbildnis*, 2012
FOLGENDE SEITEN: Sebastiano Ranchetti, *Elegante Katze*, 2010, *Schwarze Katze*, 2009, und *Blaue Katze*, 2005

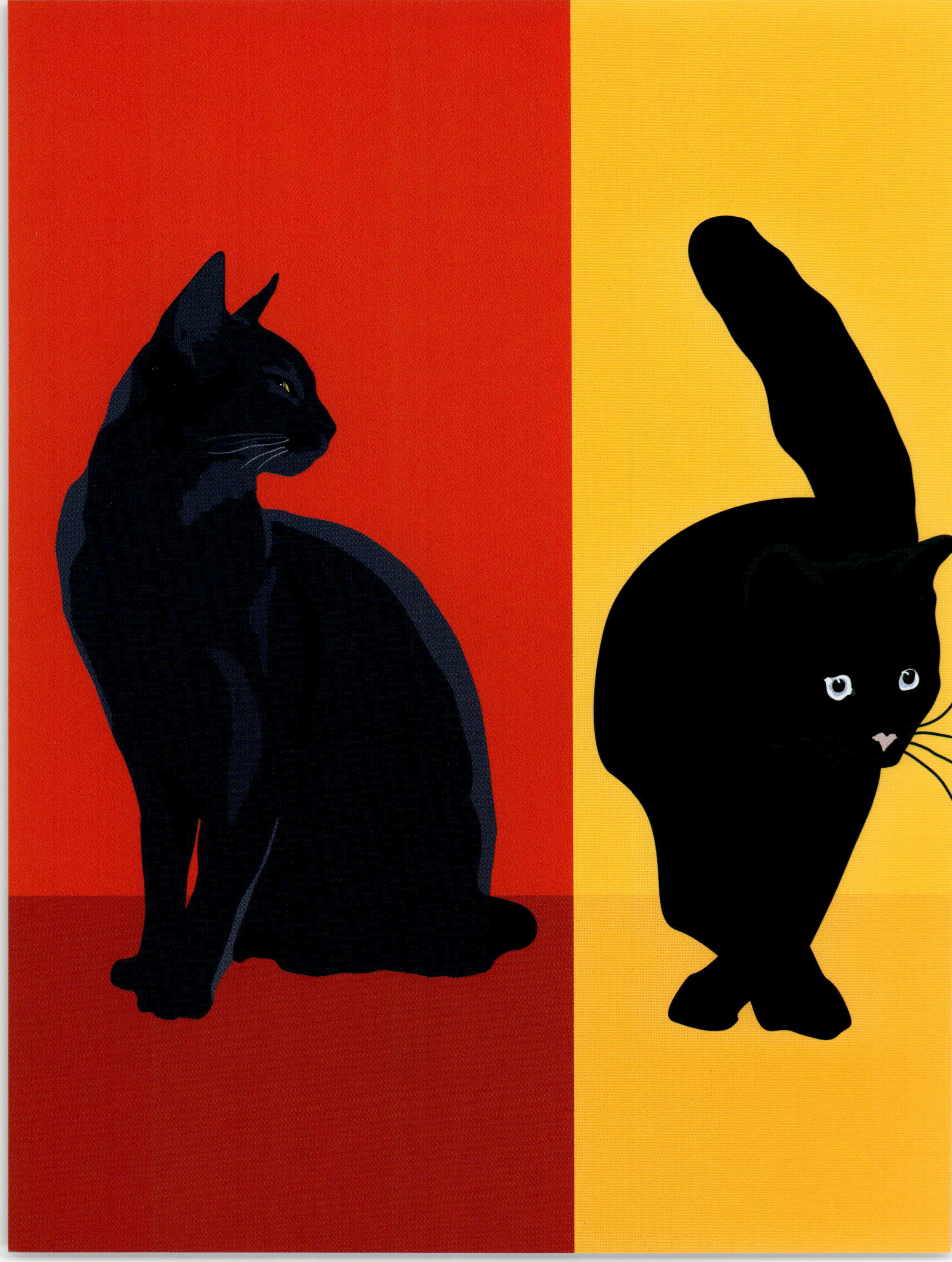

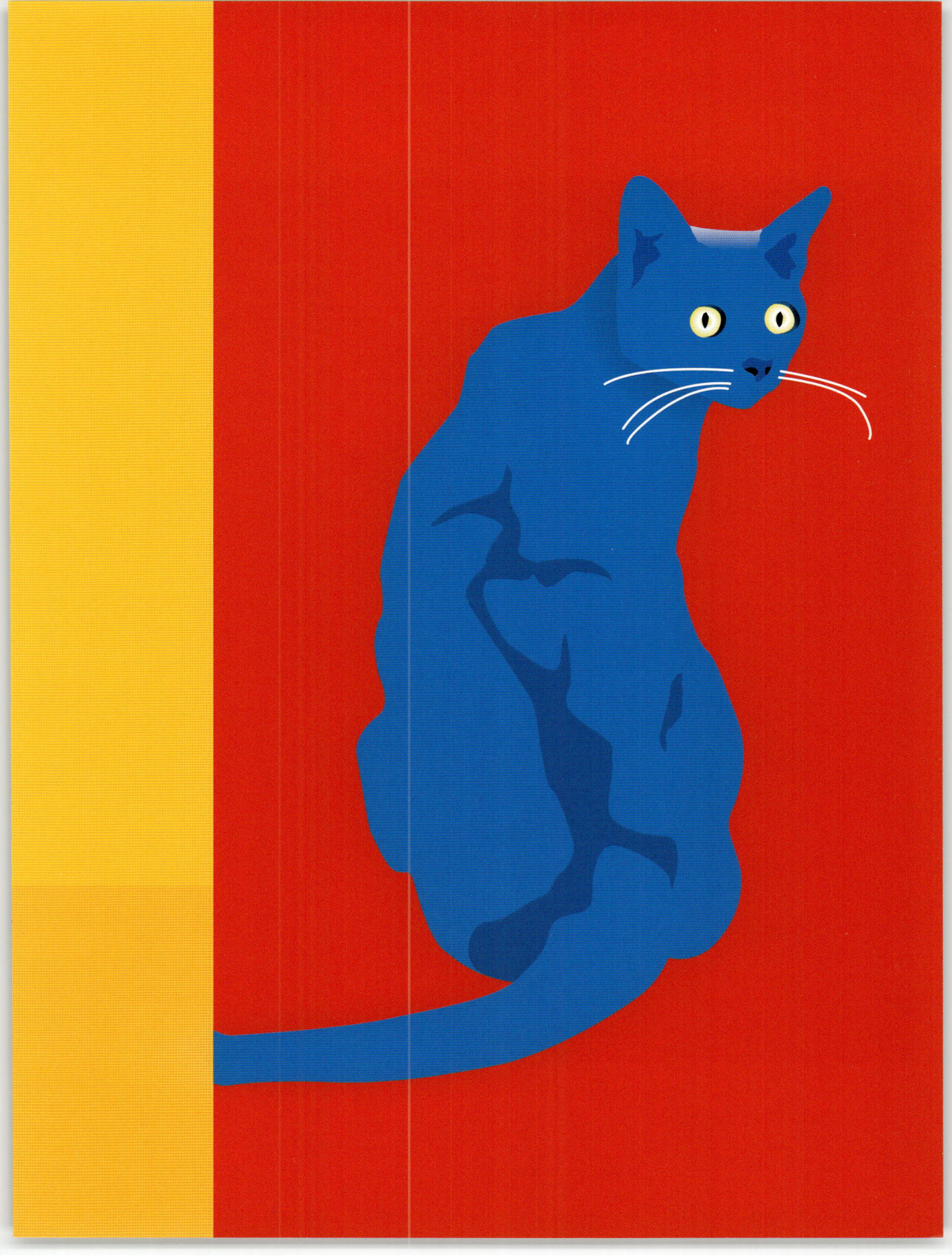

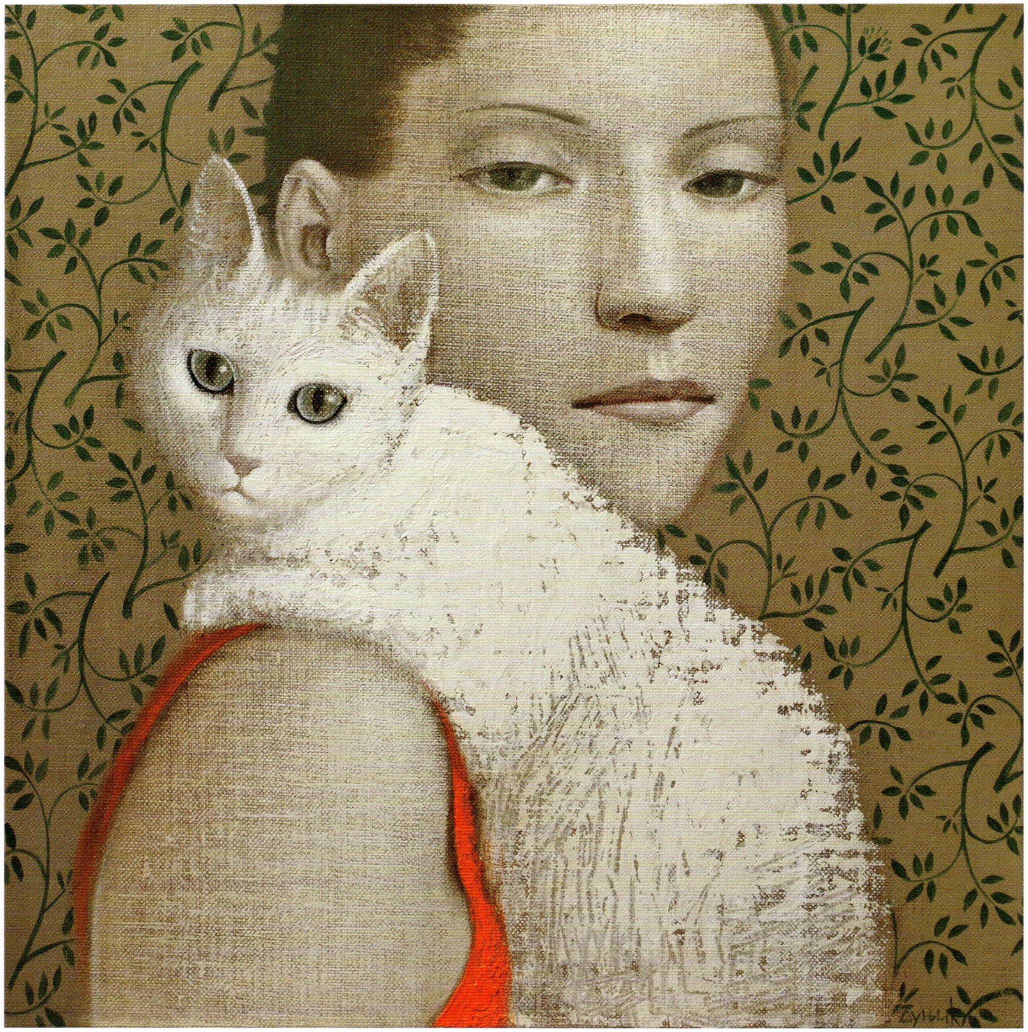

Vladimir Dunjić, *Das siebte Leben*, 2009

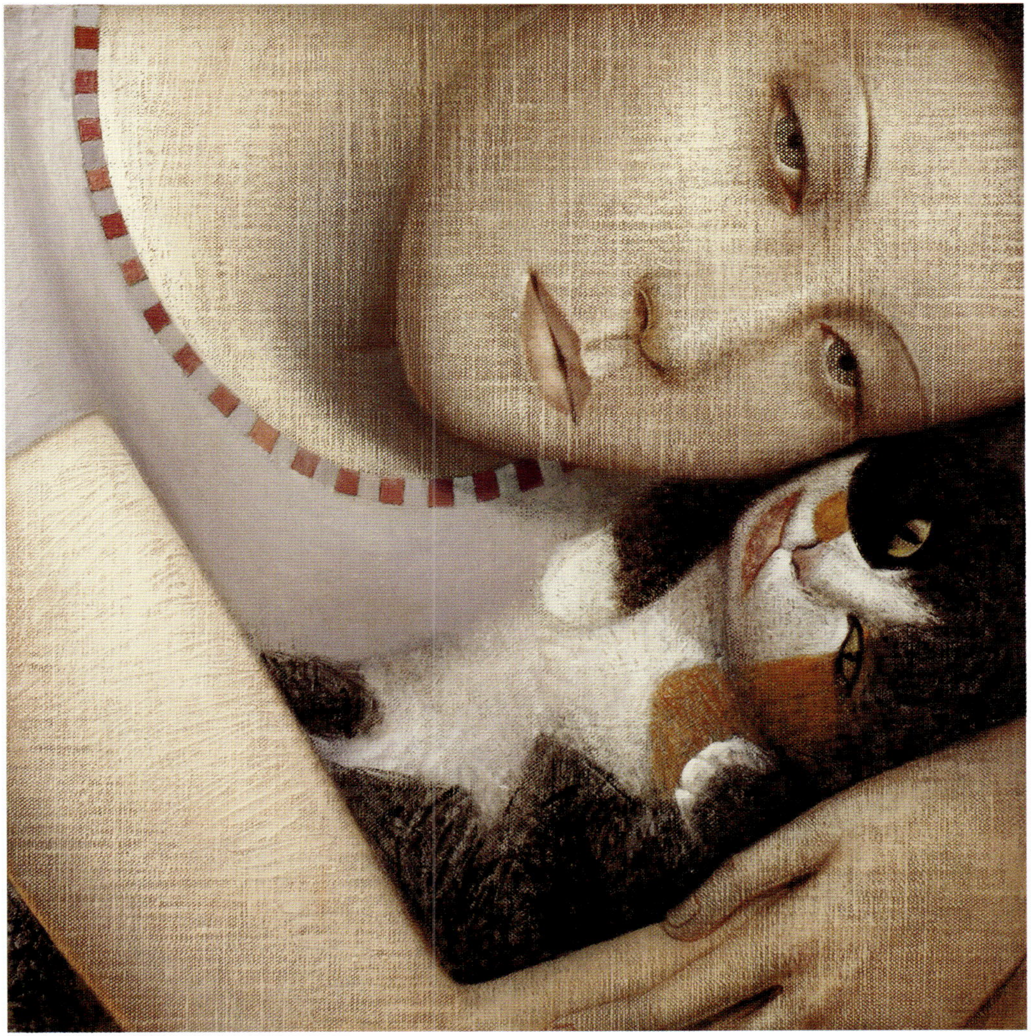

Vladimir Dunjić, *Das vierte Leben*, 2008

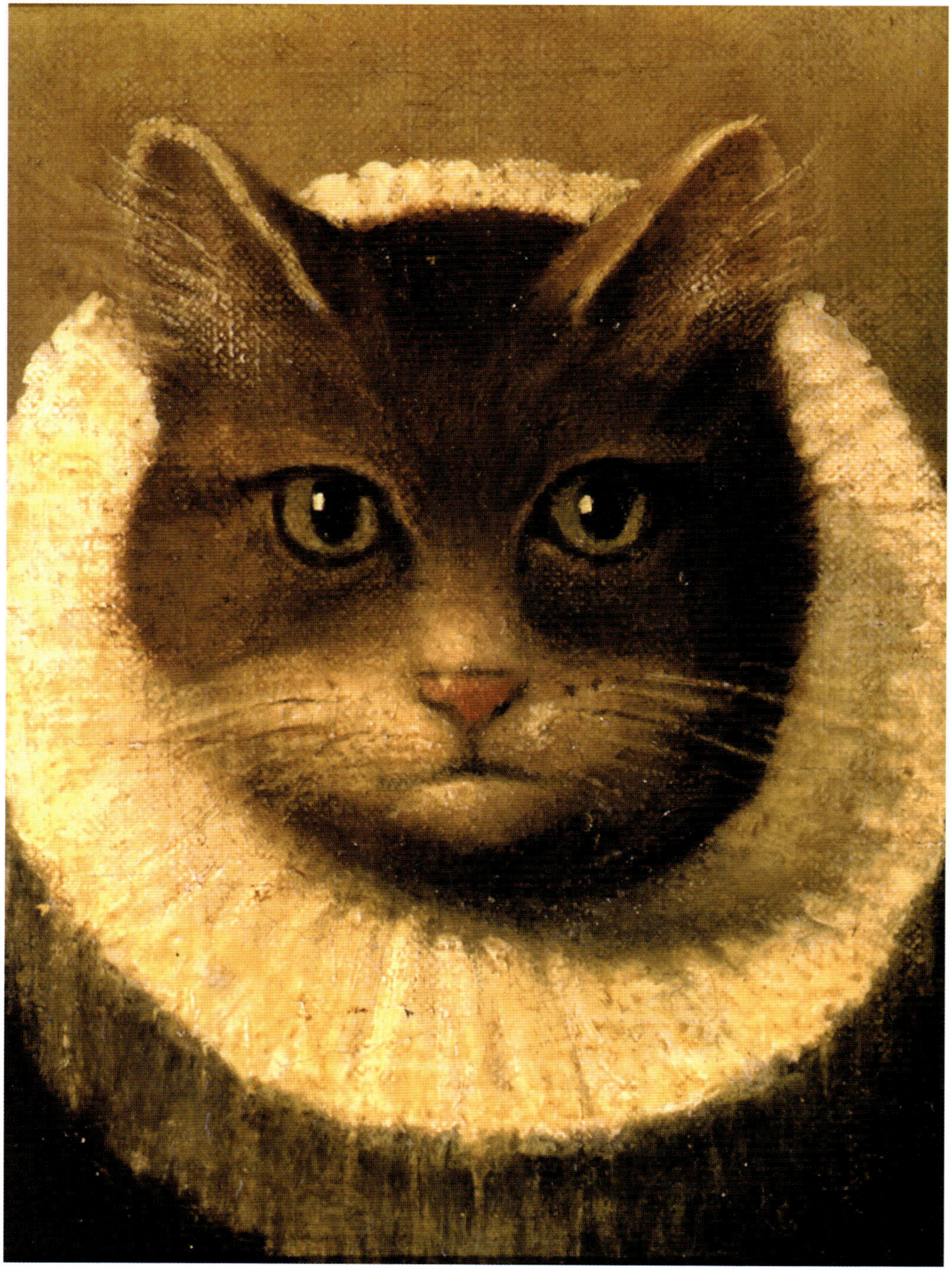

ANONYM

Katze mit Halskrause

ENDE DES 19. JAHRHUNDERTS

Mark Twain (eigentlich Samuel Langhorne Clemens) schätzte die Gesellschaft von Katzen sehr. Wie einer seiner Freunde erzählte, konnte er »auf der Straße an keiner Katze vorübergehen, ohne ihre Bekanntschaft zu machen«. Twain selbst erklärte: »Wenn jemand Katzen mag, bin ich automatisch sein Freund, auch wenn ich ihn gar nicht kenne.« Woher dieses Ölgemälde stammt, ist nicht überliefert, doch es stand in Marc Twains Haus in Connecticut auf dem Kaminsims der Bibliothek. Als seine Töchter noch klein waren, erfand er für sie ständig fantasievolle Geschichten, die sämtliche auf dem Sims aufgereihten Gegenstände enthalten mussten. Alle begannen mit dem Katzenbild und endeten mit dem Aquarellbild eines Mädchens namens Emmeline. Für Twain waren Katzen dem Menschen ebenbürtig, wenn nicht sogar überlegen. Wenn man ihn unbedingt bei der Arbeit stören musste, »war es hilfreich, ein Kätzchen mitzunehmen«, erinnerte sich seine Tochter Clara.

ANONYM

Katze mit Jungen

um 1872–1883

Die riesigen Augen der Katzenmutter sind das Faszinierendste an diesem naiv-volkstümlichen amerikanischen Gemälde. Meistens beschleicht den Betrachter ein Gefühl der Verwirrung, wenn eine Katze ihn unverwandt ansieht. Doch wenn man ihren Blick als unheilvolles Anstarren deutet, unterstellt man ihr menschliches Verhalten. Denn im Gegensatz zum Menschen muss die Katze nicht blinzeln, um ihre Augen zu benetzen. Jeder Versuch zurückzustarren, bis sie den Blick abwendet, ist – wie jeder Katzenhalter weiß – von vornherein zum Scheitern verurteilt. Am besten erkennt man in diesem Fall ihre Überlegenheit neidlos an und buhlt durch gelegentliches Zwinkern um ihre Gunst. Mit etwas Glück kneift sie sogar huldvoll ebenfalls ein Auge zu.

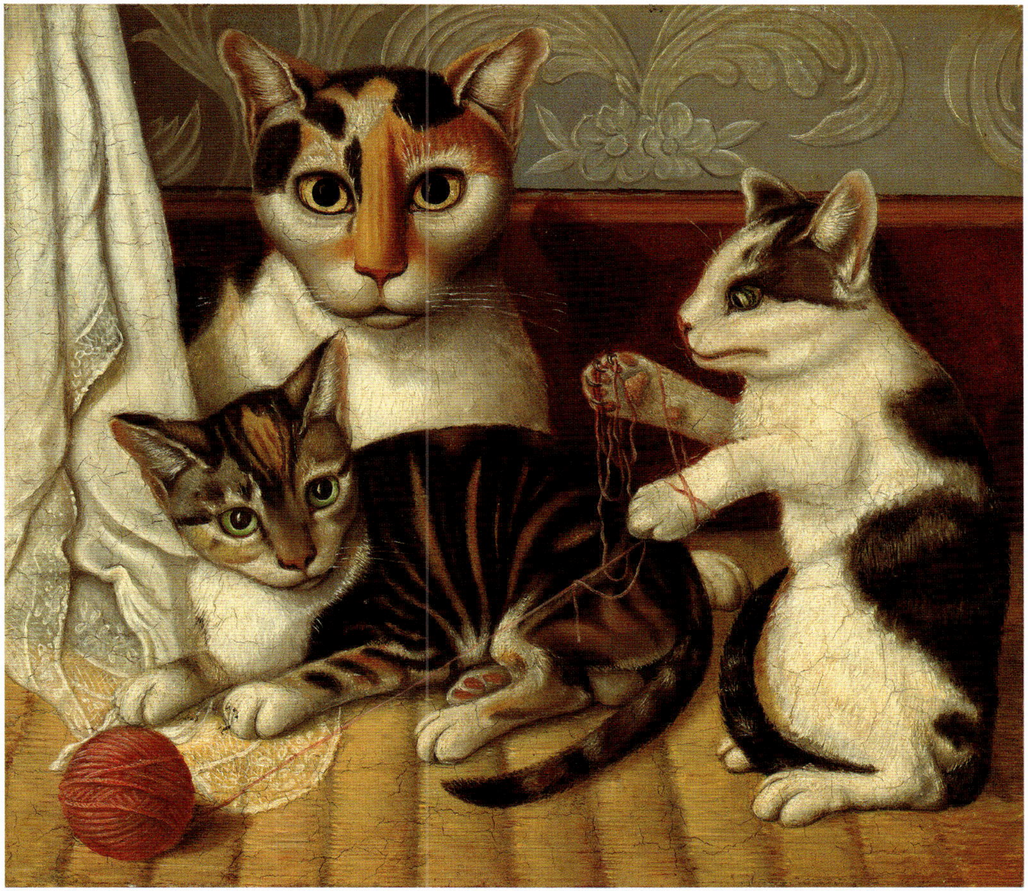

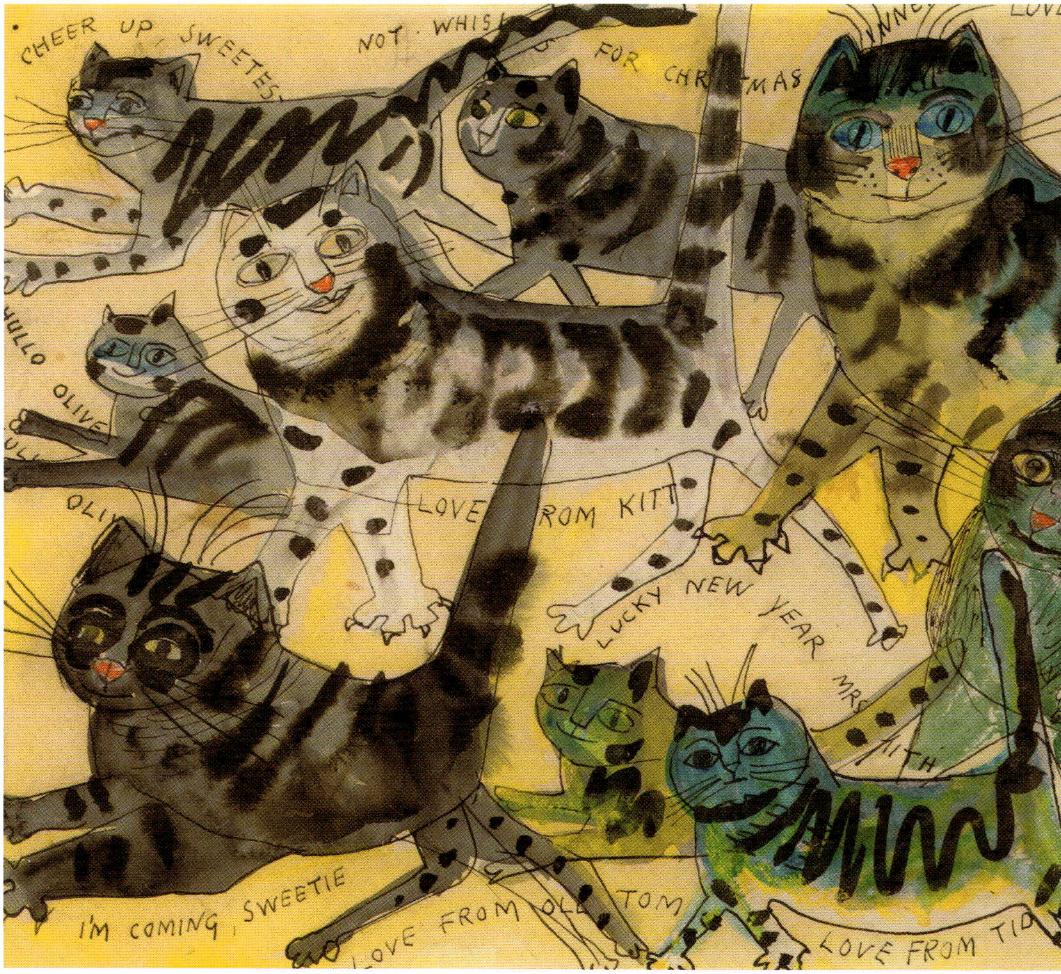
HULLO OLIVE
LUCKY NEW YEAR
I'M COMING, SWEETIE

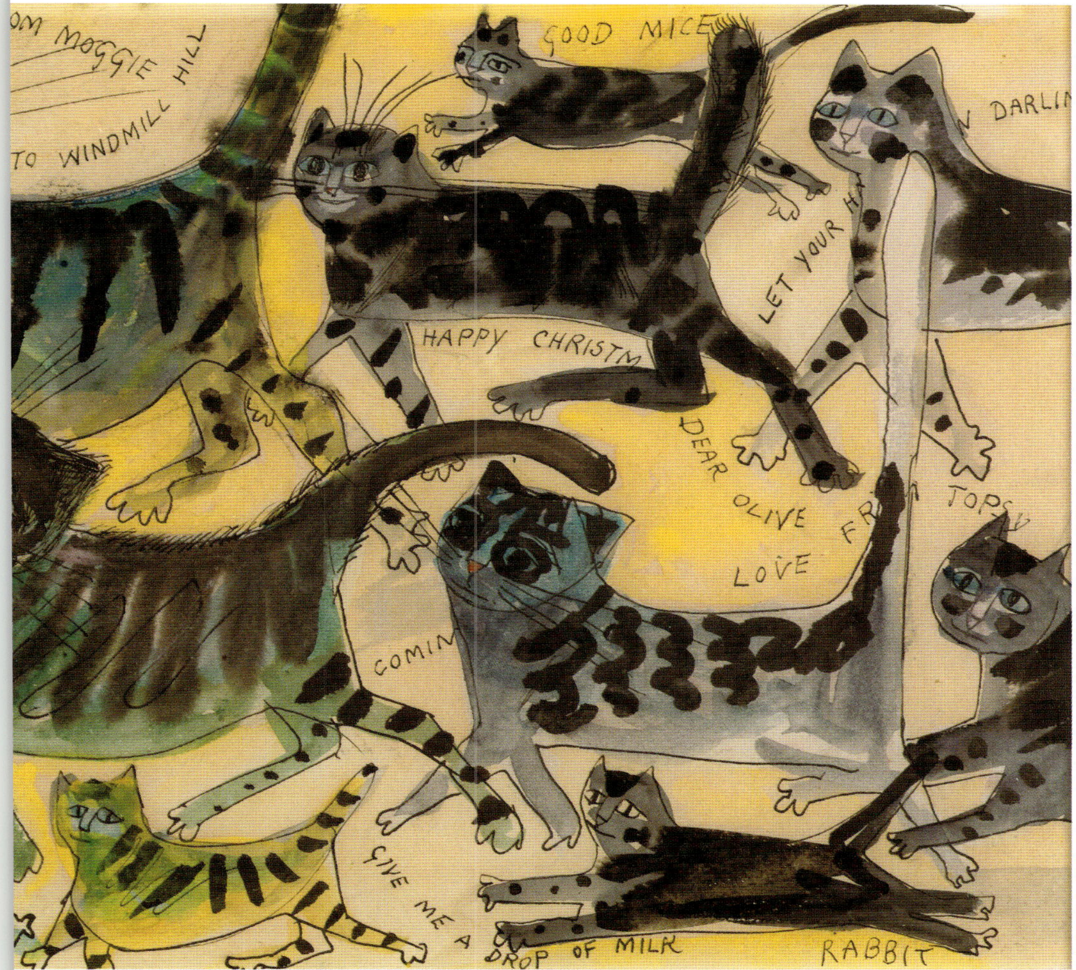

Edward Bawden, *Auf nach Windmill Hill*, 1980er-Jahre

»WER MIT
WILDFREMDEN KATZEN

FREUNDSCHAFT

SCHLIESSEN KANN,
HAT IMMER

GLÜCK

IM LEBEN.«

SPRICHWORT

Utagawa Kuniyoshi, *55 Katzen als Sinnbilder der 53 Stationen des Tokaido* (Detail), um 1850

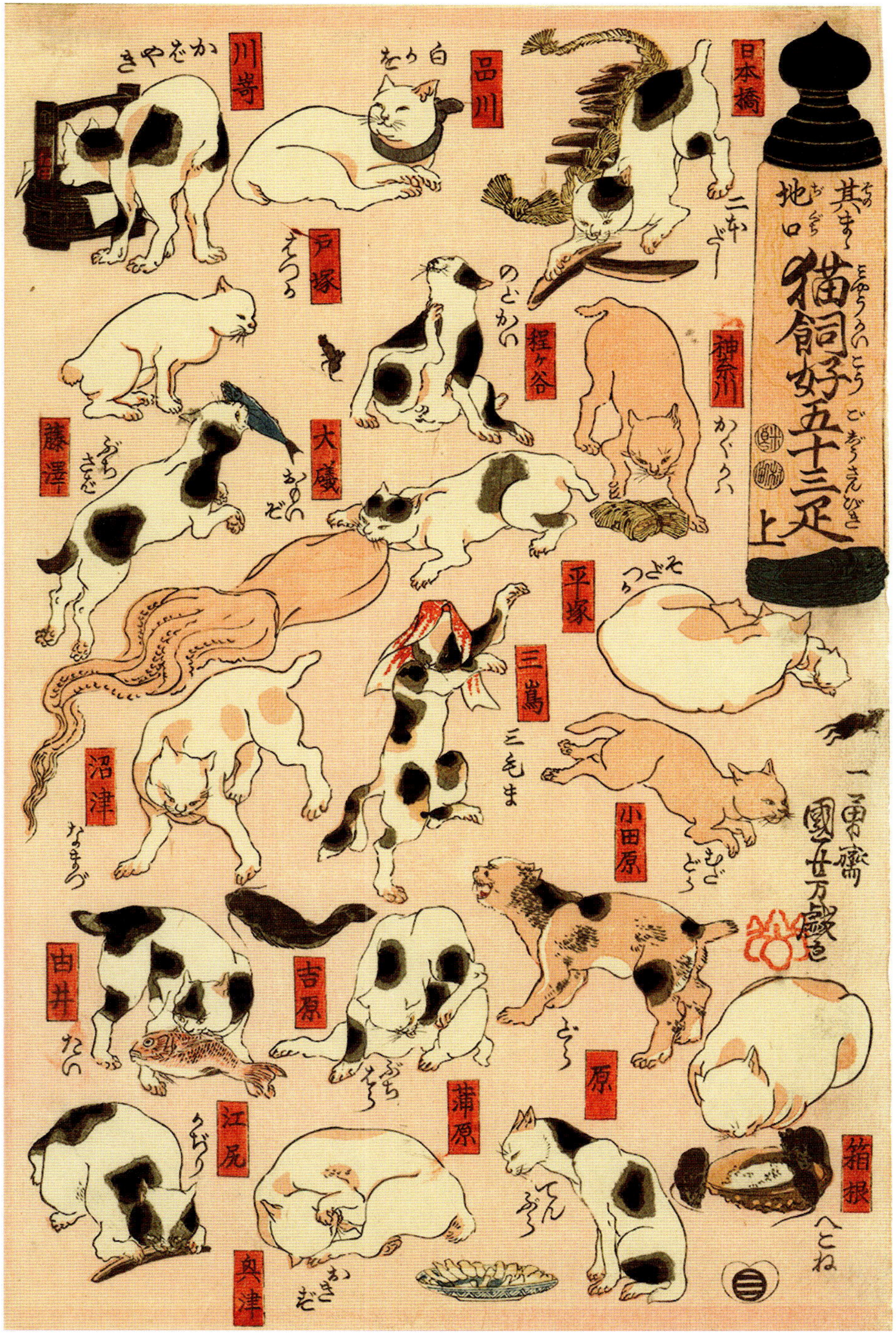

其まゝ地口
猫飼好五十三疋
上
日本橋
品川
川崎
戸塚
程ケ谷
神奈川
藤沢
大磯
平塚
三嶋
沼津
小田原
由井
吉原
原
蒲原
江尻
箱根
奥津
一勇斎国芳

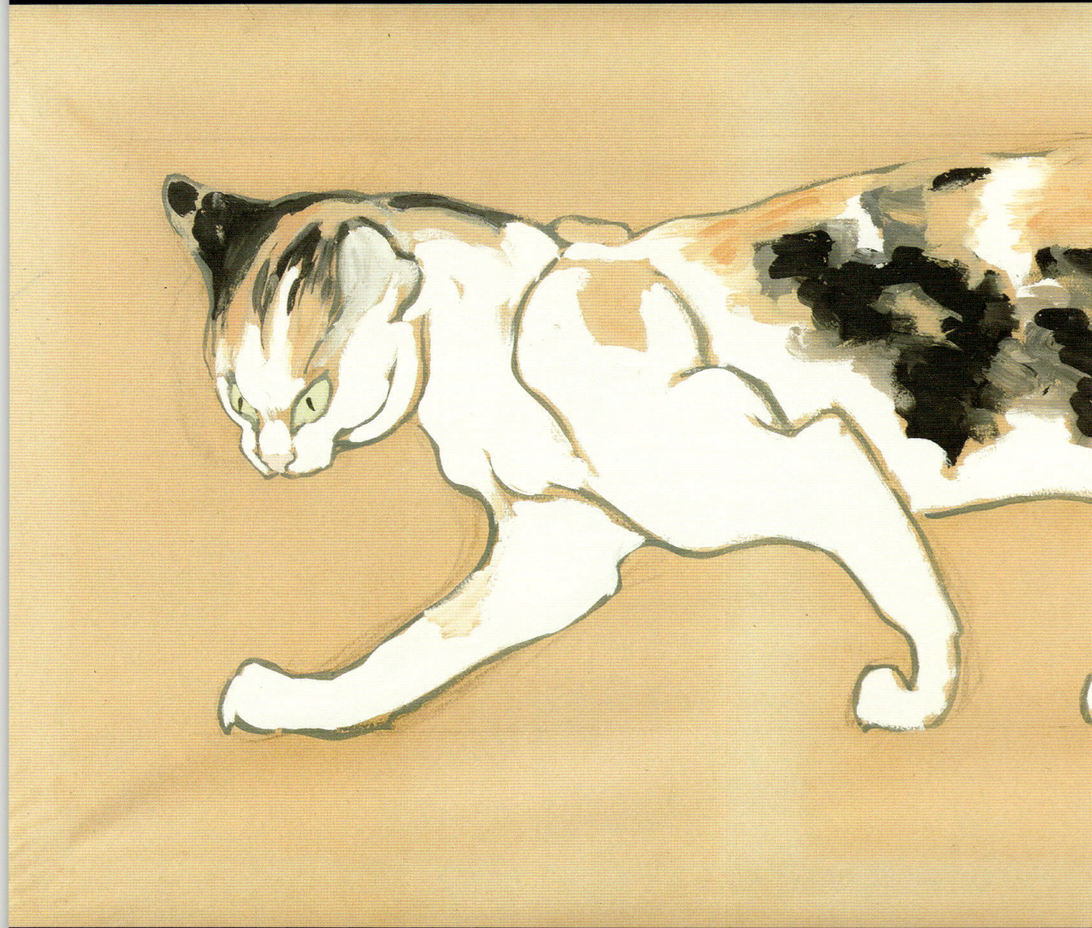

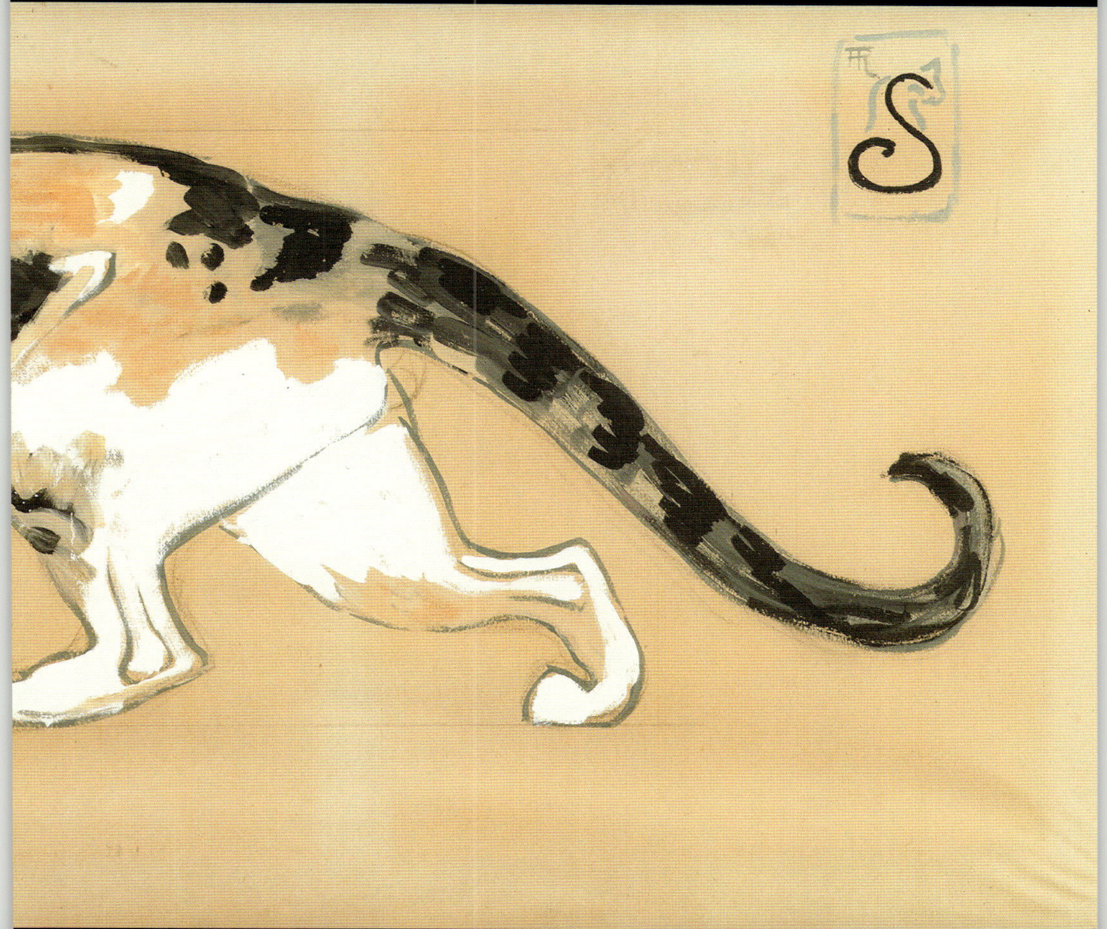

Théophile-Alexandre Steinlen, *Die Katze*, 1880er-Jahre

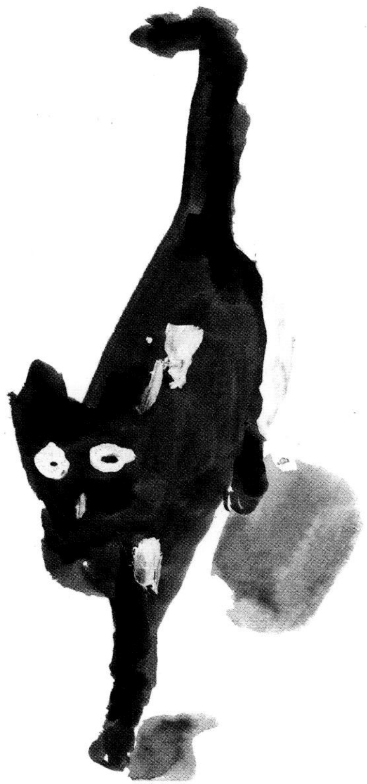

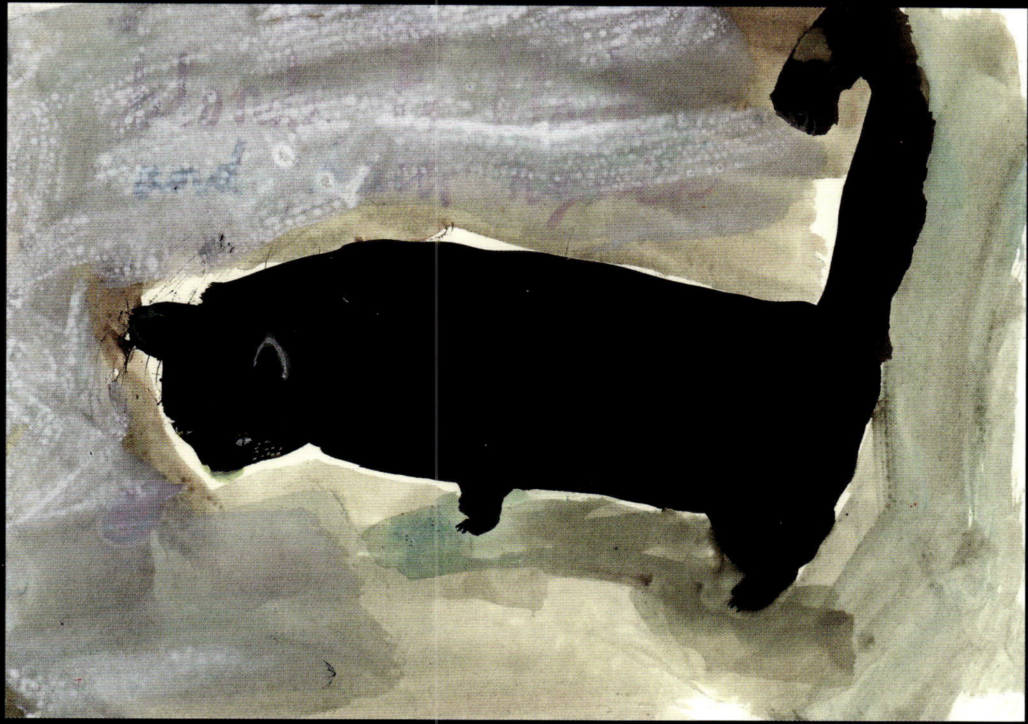

OBEN: Ceri Amphlett, *Katze im Glück*, 2012
LINKS: Ceri Amphlett, *Der schöne Mingus*, 2011
FOLGENDE DOPPELSEITE: Vania Zouravliov, *Schwarze Katze*, 2006

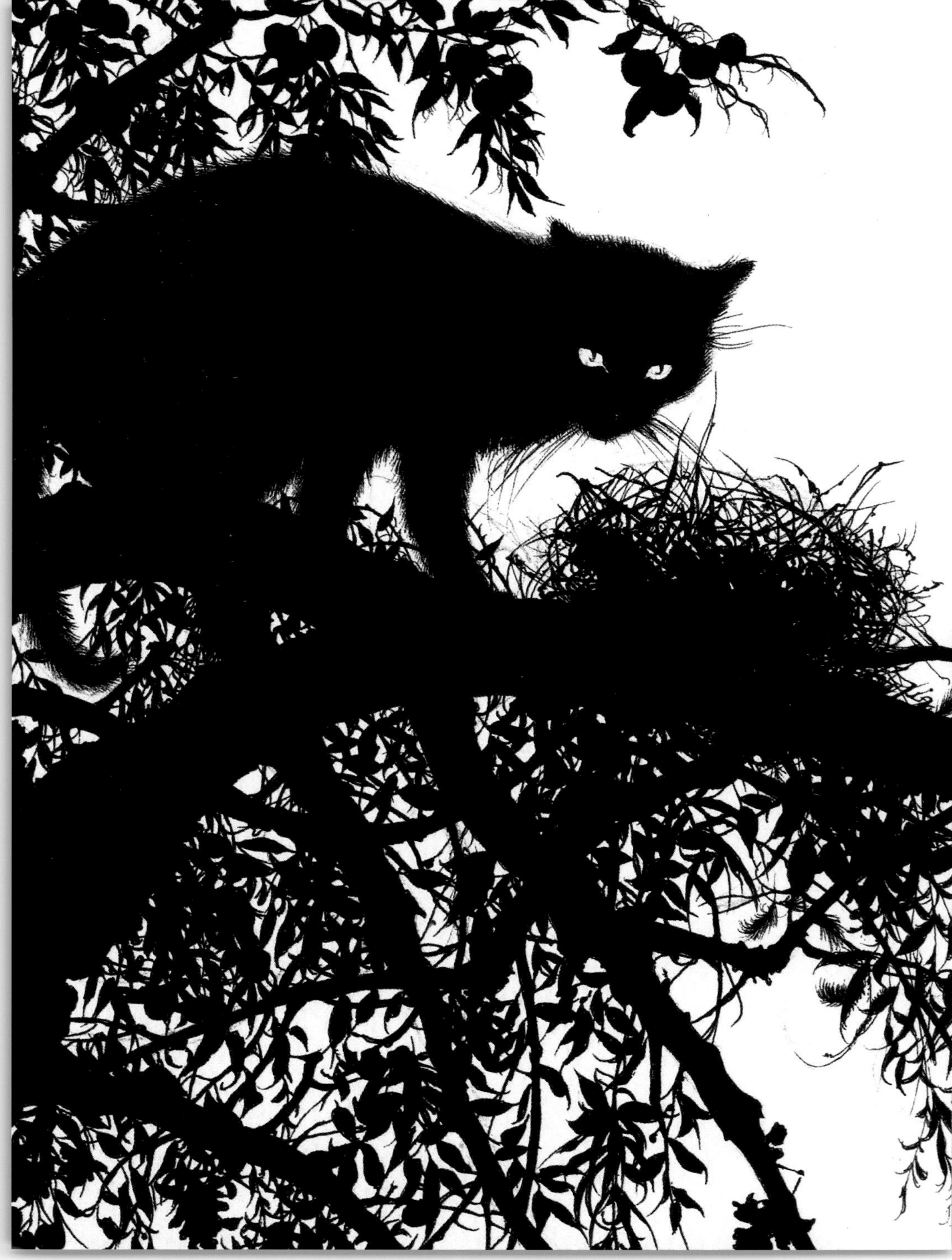

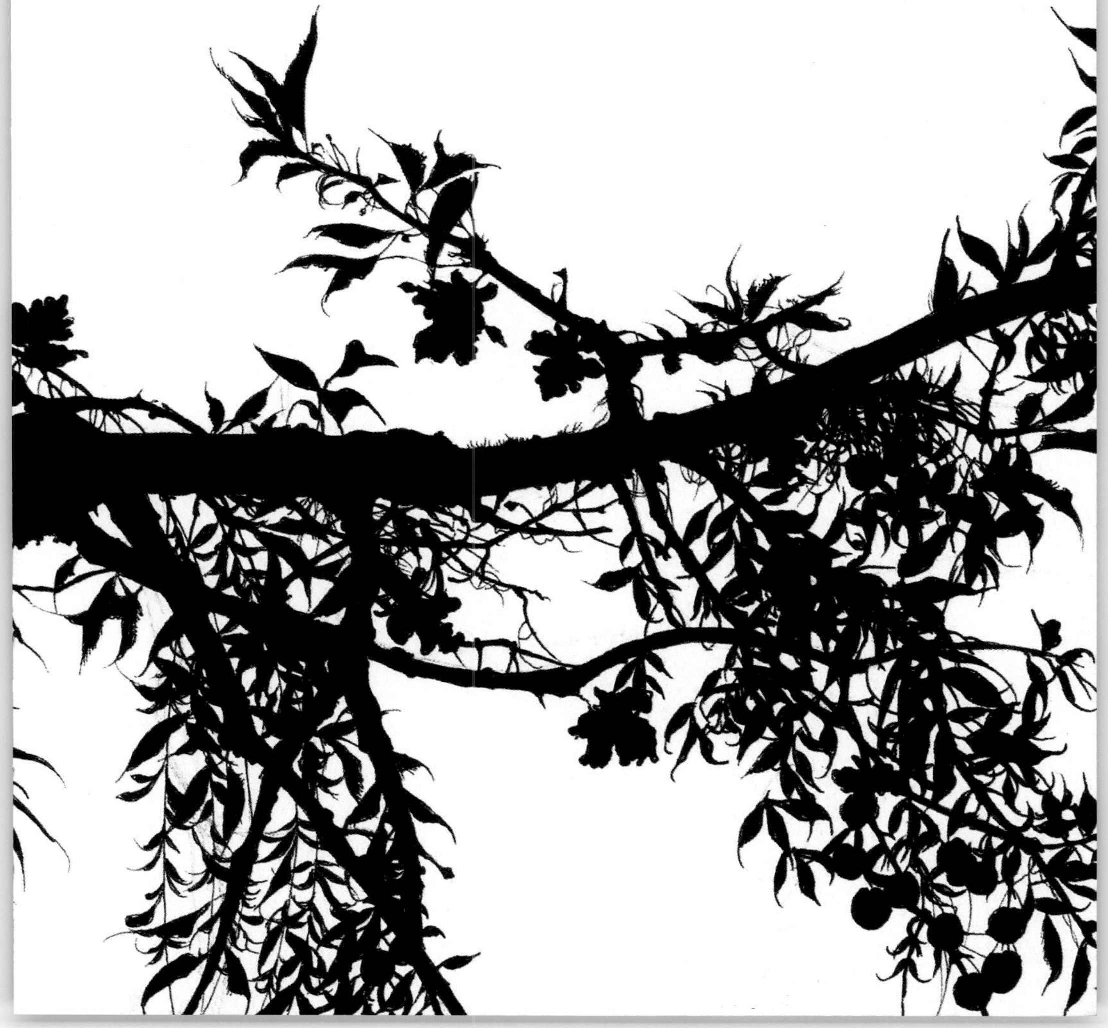

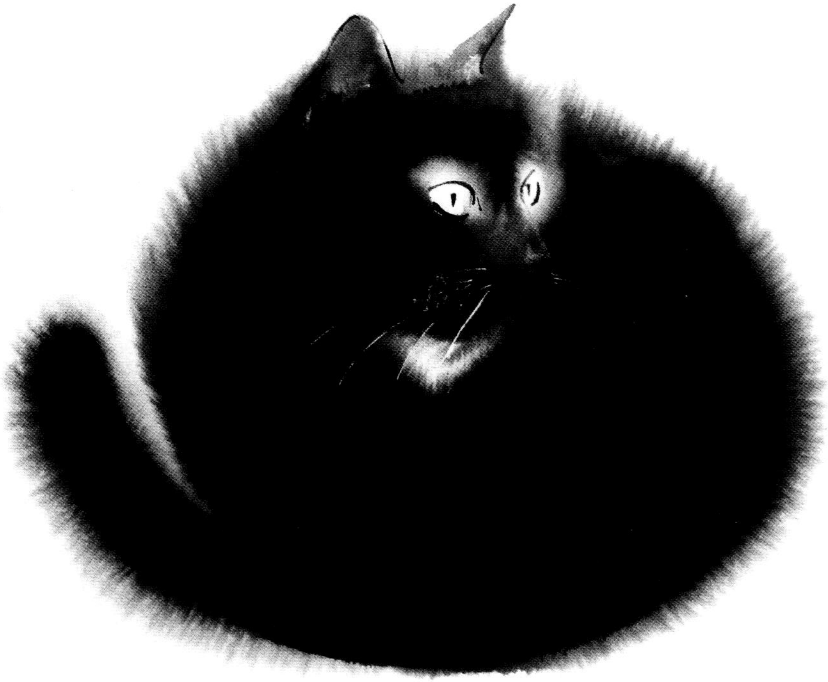

Endre Penovác, *In Ruhe*, 2015

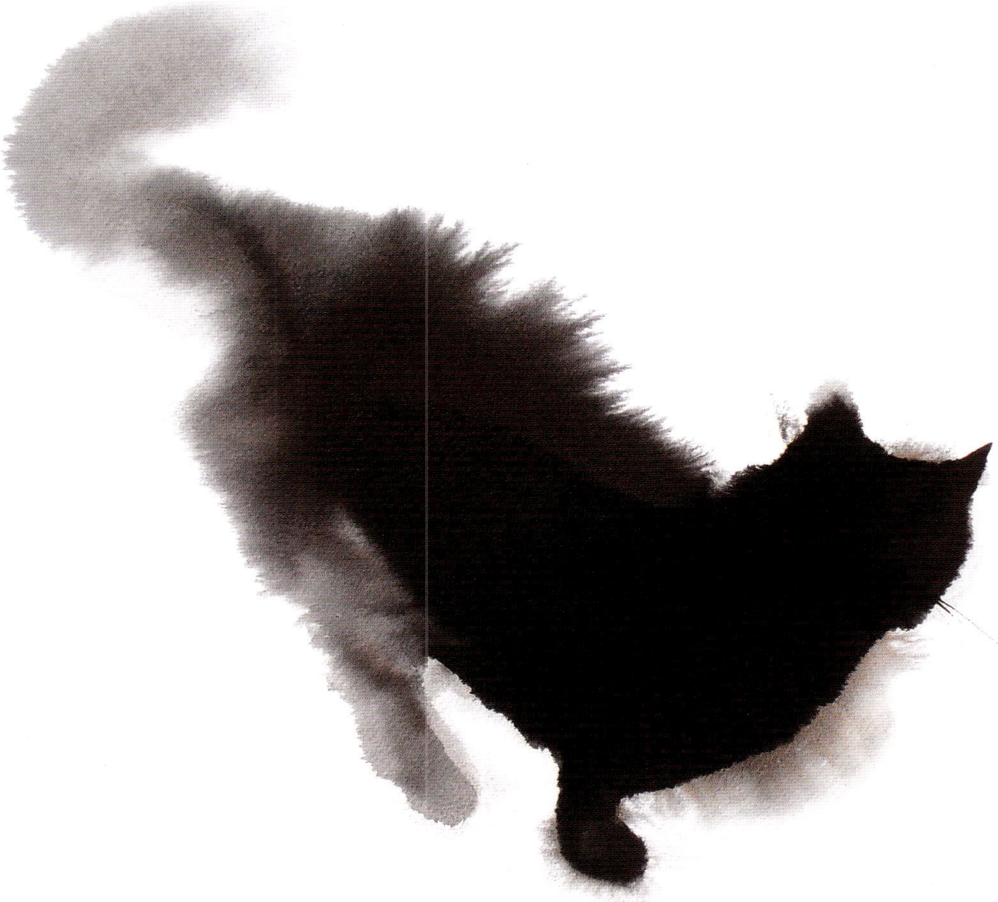

Endre Penovác, *Abwartend*, 2013

LEONARDO DA VINCI

Studie für ein Kind mit Katze

um 1478–1481

Es gab nichts, was Leonardo da Vinci nicht zeichnen konnte. Oder vielleicht doch? Ein stures Kleinkind und eine bockige Katze waren offenbar selbst für die geniale Feder des vollkommenen Renaissancekünstlers eine echte Herausforderung. In der Mitte des Blatts ist noch alles in Ordnung, aber darüber und darunter geht es turbulent zu. Während der Kleine sich redlich Mühe gibt, der Katze Herr zu werden, wird sie immer unwilliger und Leonardo da Vincis Zeichenstil immer skizzenhafter. Die Szenen waren Studien für das Gemälde der *Madonna und Kind mit Katze*, für das die British Library ein paar Vorzeichnungen besitzt. Ob da Vinci das Gemälde je ausführte, ist nicht bekannt – vielleicht fiel ihm ja irgendwann auf, dass die Bibel sich über Ringkämpfe zwischen dem Jesusknaben und Haustieren ausschweigt.

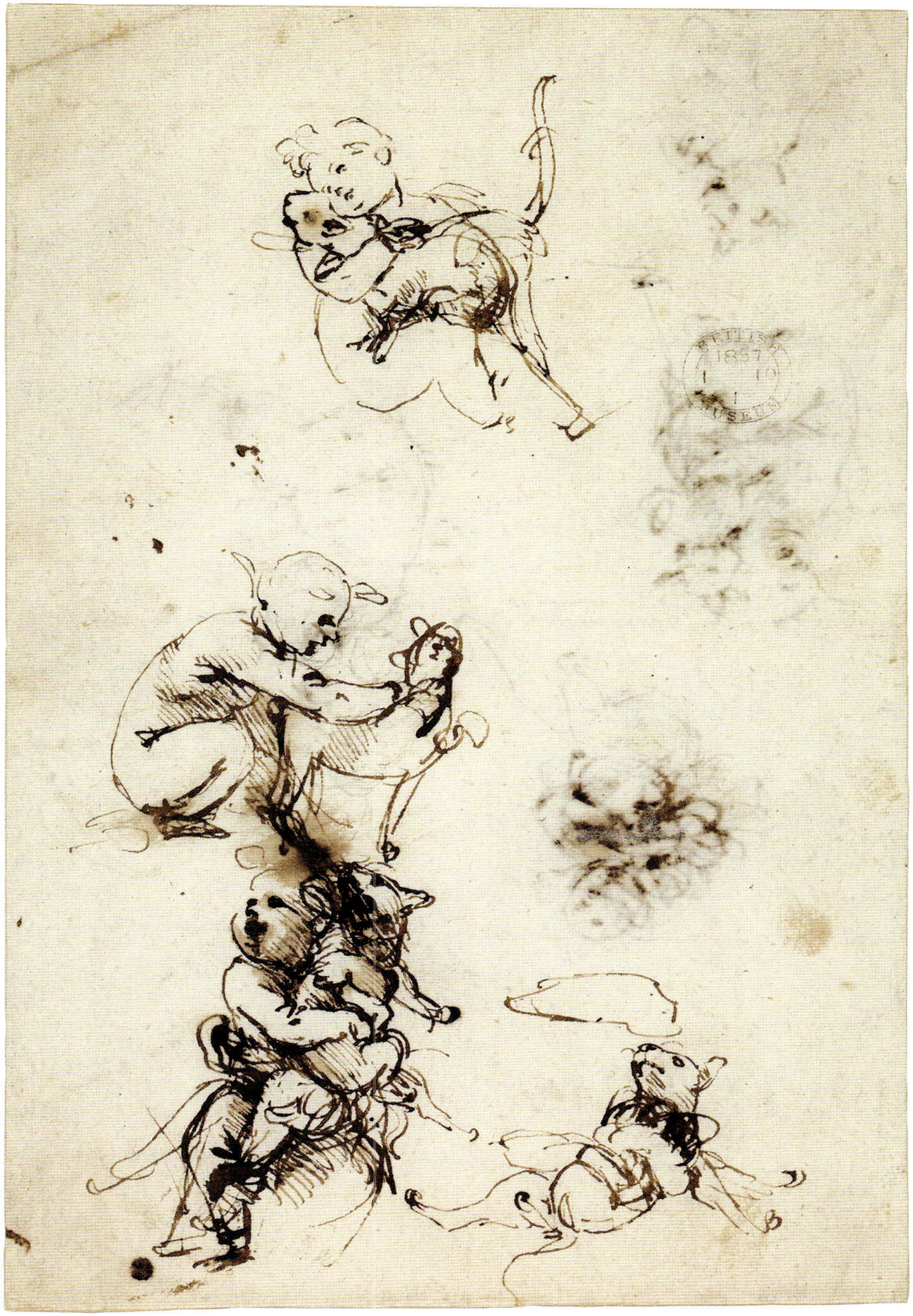

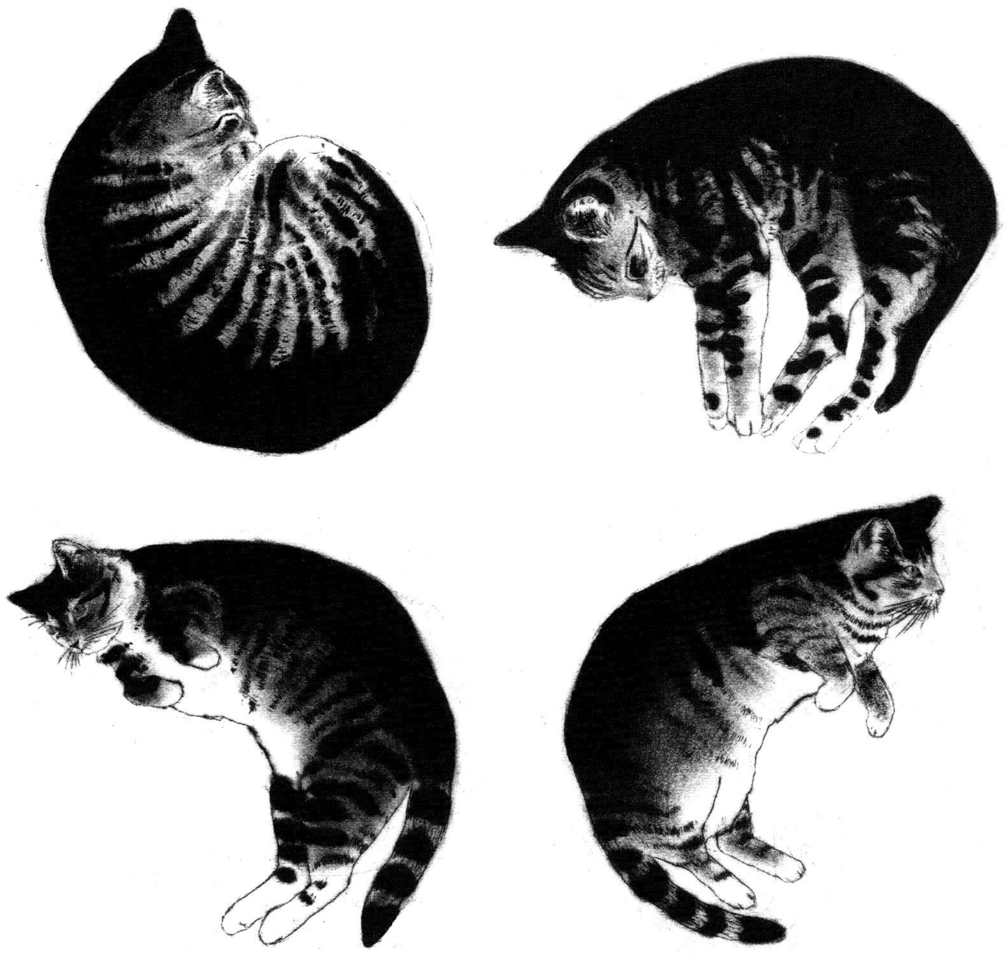

OBEN: Kay McDonagh, (im Uhrzeigersinn von oben links) *Ein Katzenleben*, *Schönheitsschlaf*, *Ben* und *Bill*, 2016
RECHTS: Kay McDonagh, *Engelsgesicht, teuflische Gedanken*, 2016

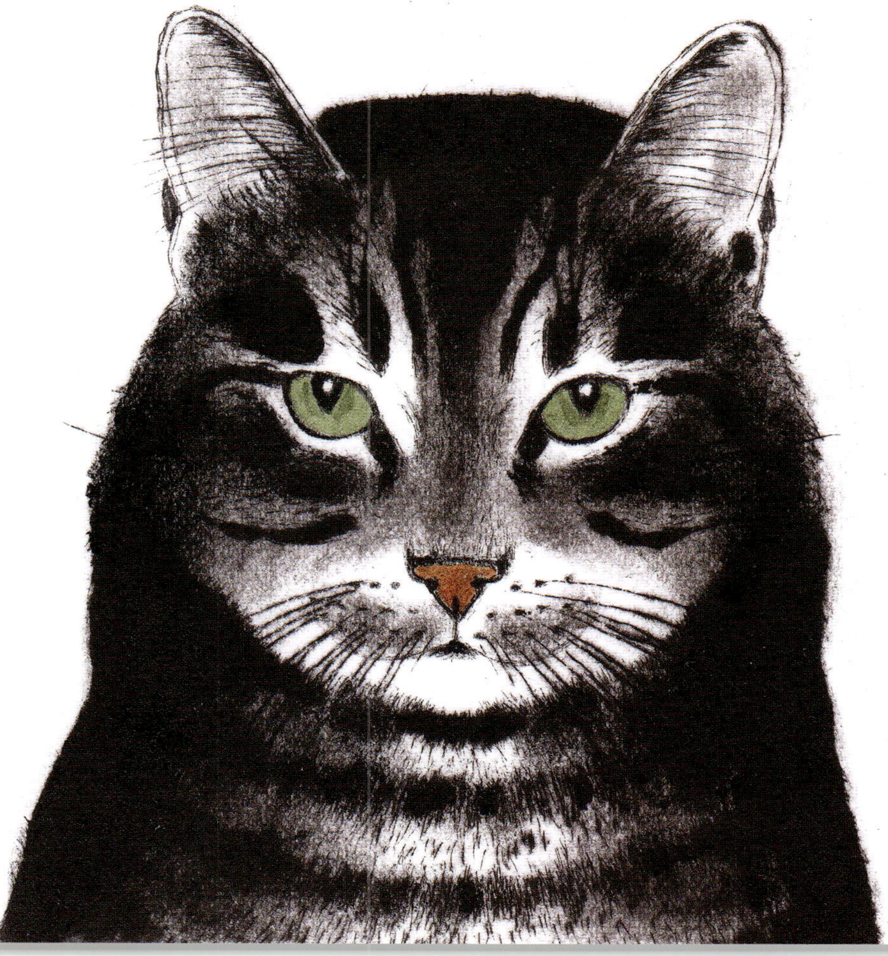

»Unter all den Geschöpfen dieser Erde

GIBT ES NUR EINES,

das sich

KEINER VERSKLAVUNG

unterwerfen lässt.
Dieses eine ist die Katze.«

MARK TWAIN

RECHTS: Diane Hoeptner, *Weiße Katze*, 2013
FOLGENDE DOPPELSEITE: Santiago Ydáñez, *Ohne Titel*, 2015

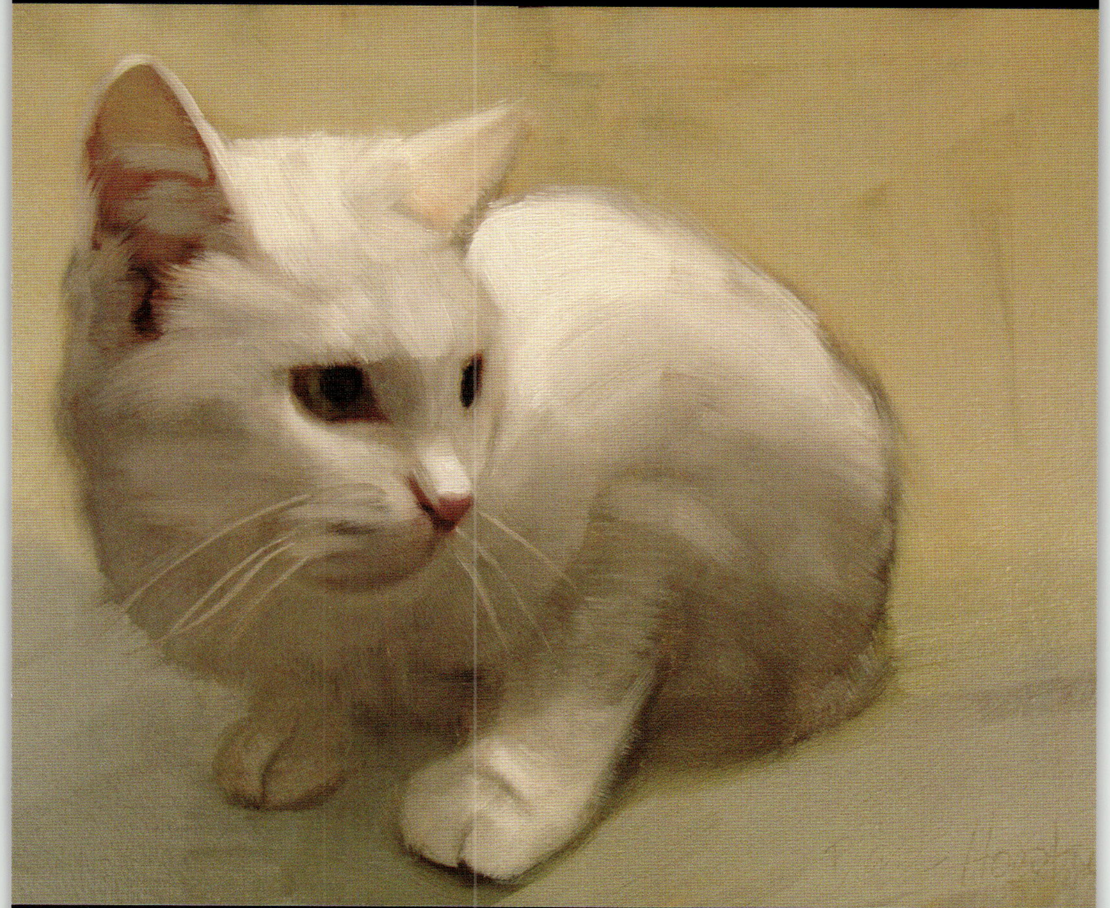

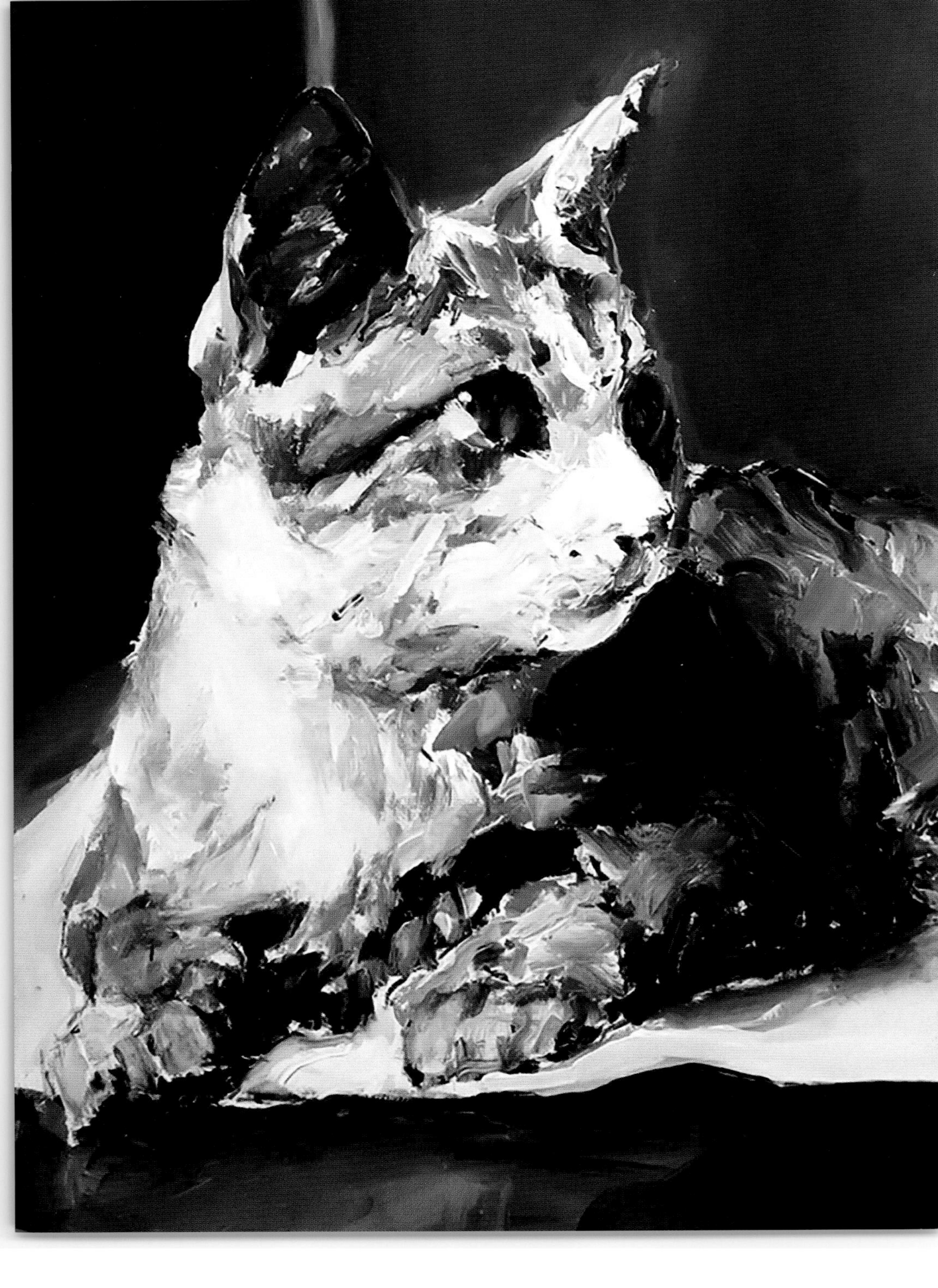

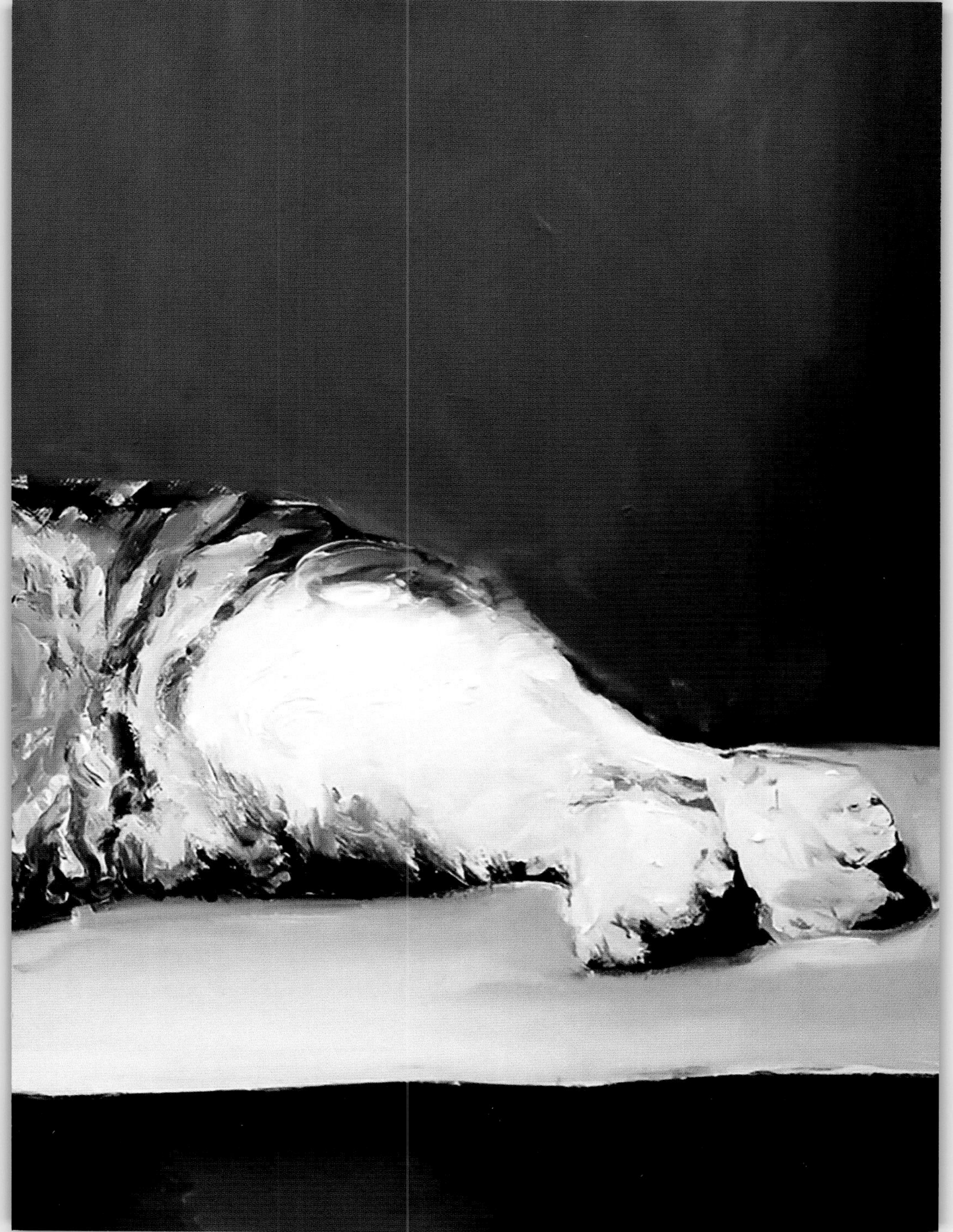

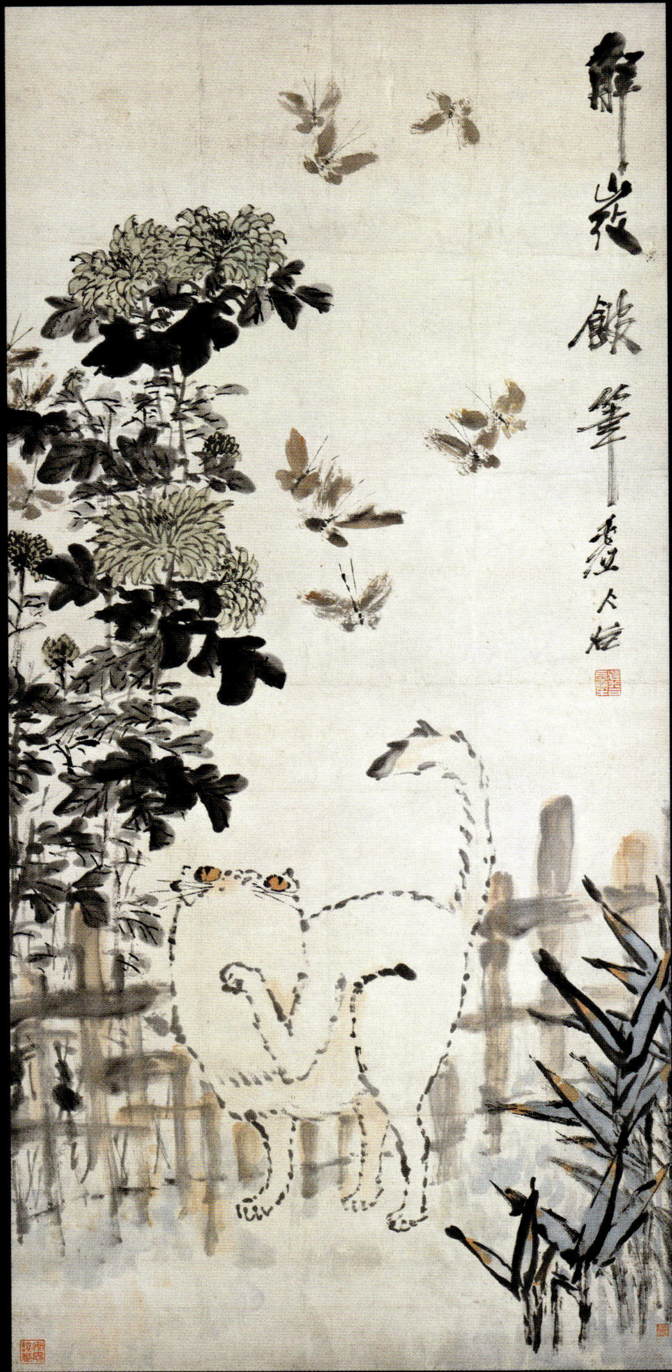

XU GU

Katze und Schmetterlinge

ENDE DES 19. JAHRHUNDERTS

Als Offizier der kaiserlichen Armee musste Zhu Xubai während des blutigen Taiping-Aufstands grauenhafte Dinge mit ansehen. Er sympathisierte schließlich mit den Rebellen, wendete der Armee den Rücken zu und wurde Mönch. Seinen Namen änderte er in Xu Gu und zog als fahrender Maler durchs Land. Xu Gu verkaufte seine Bilder in den stark industrialisierten Städten Chinas wie Shanghai, Yangzhou und Suzhou. Doch anstatt die im Bürgerkrieg erlebten Gräuel für die Nachwelt festzuhalten, malte er mit Hingabe liebevoll nostalgische Szenen wie dieses Idyll mit prächtigen Chrysanthemen, einem Schwarm Schmetterlingen und einer froschäugigen Katze.

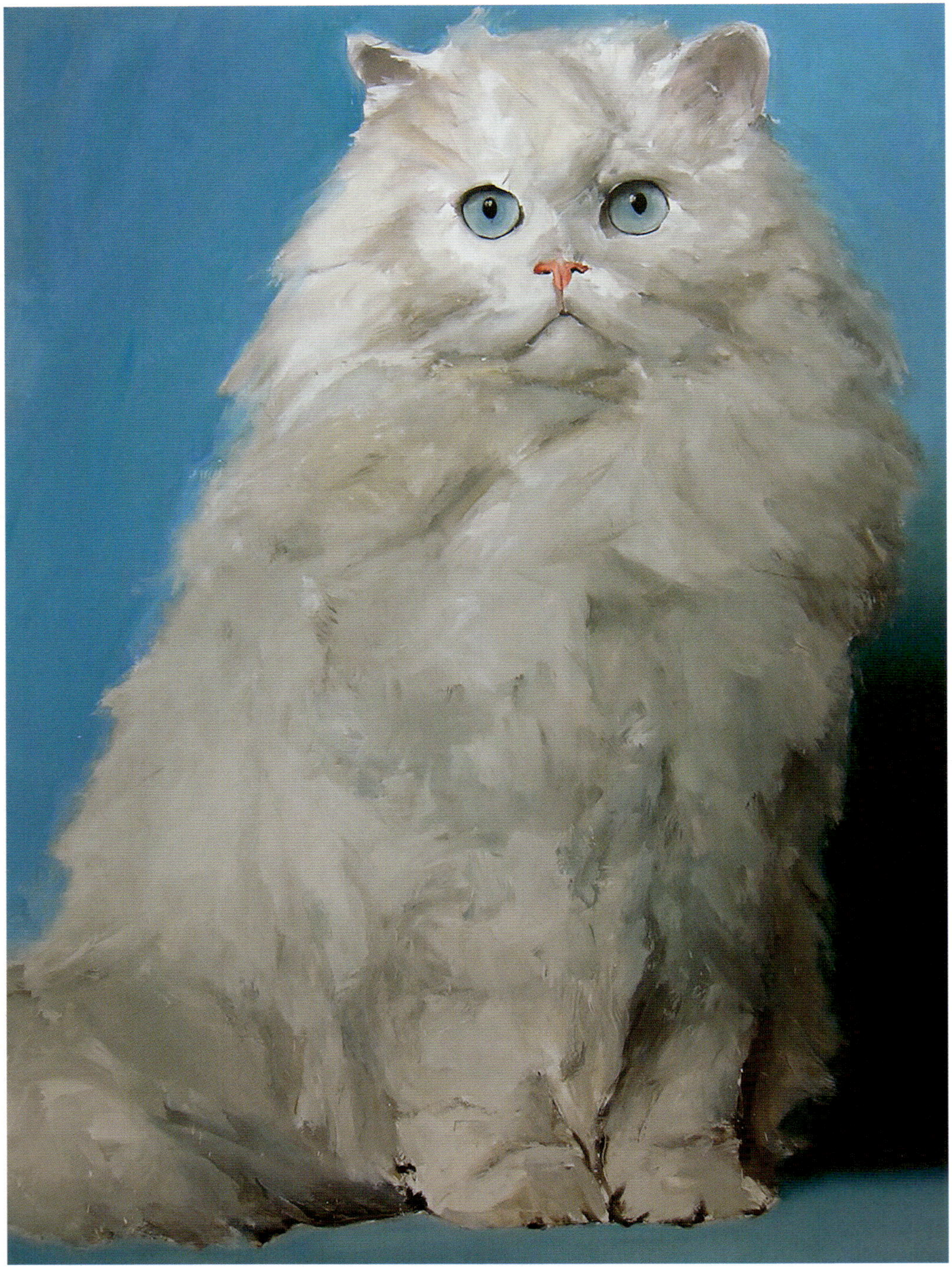

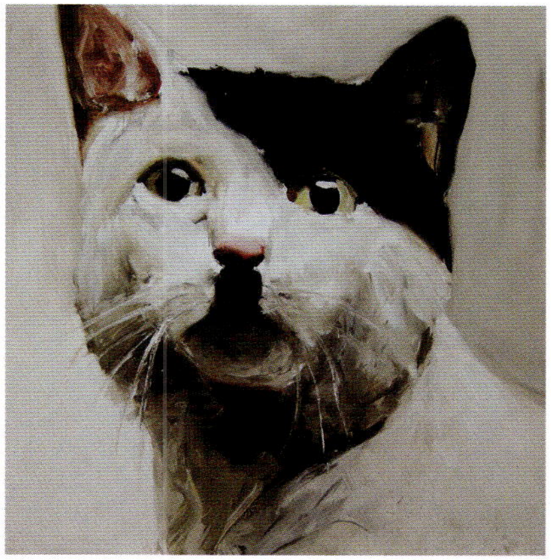

OBEN: Santiago Ydáñez, *Ohne Titel*, 2012
LINKS: Santiago Ydáñez, *Ohne Titel*, 2014
FOLGENDE DOPPELSEITE: Tracey Emin, *Beobachtungsposten*, 2006

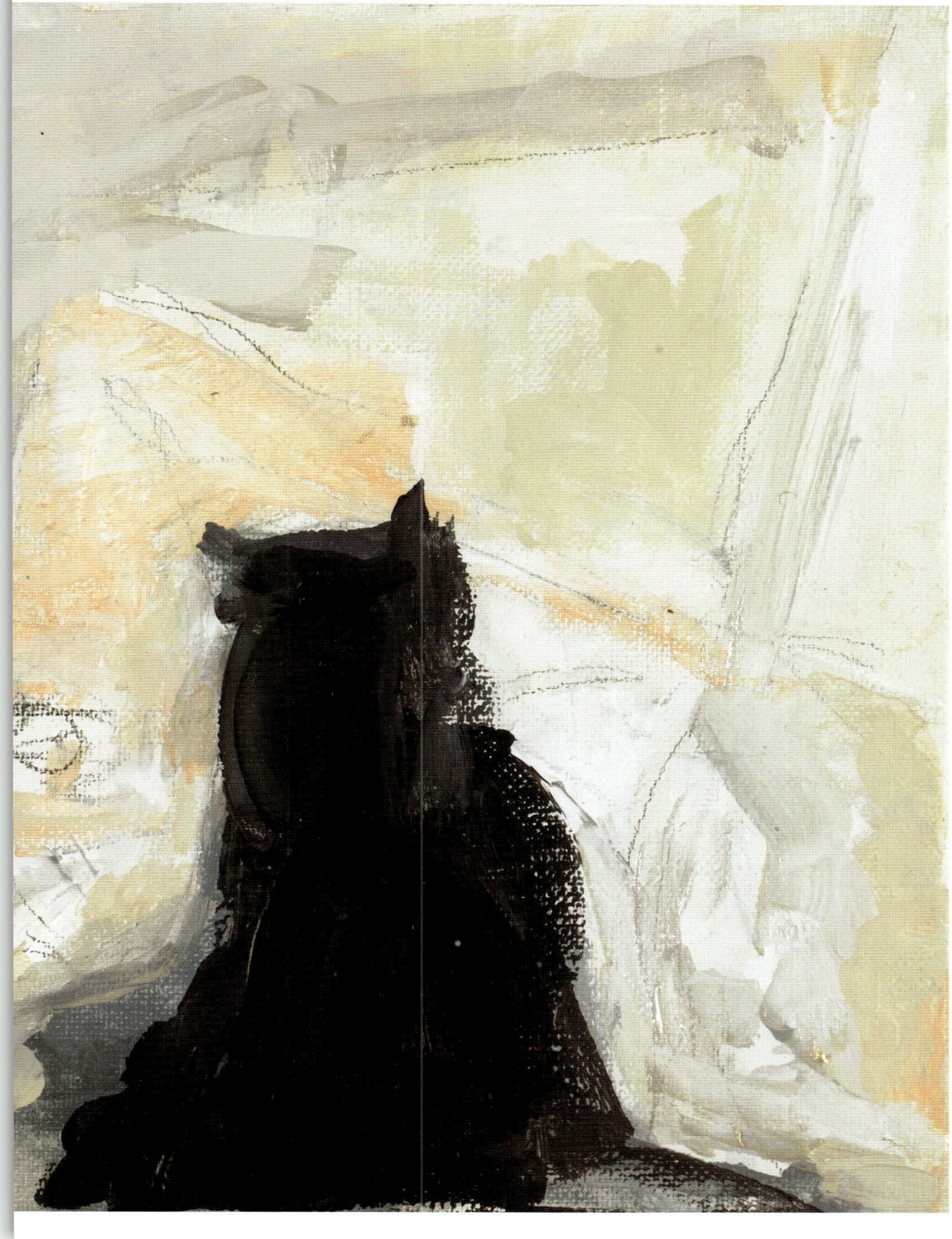

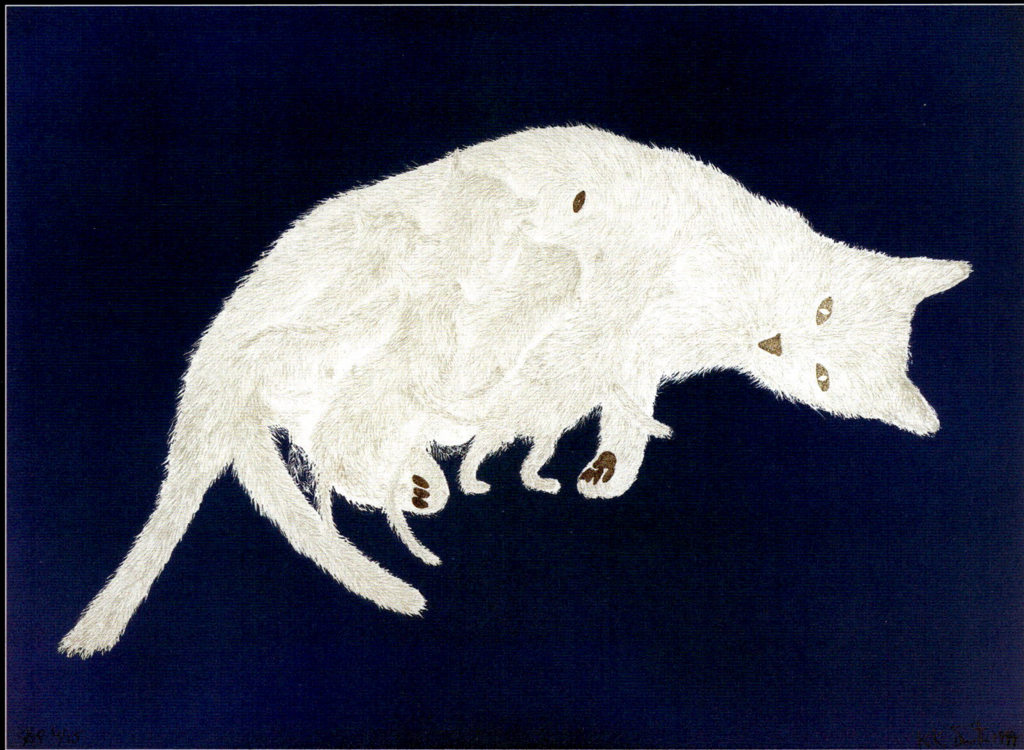

KIKI SMITH

Wurf

1999

Man könnte meinen, auf diesem Bild sei nur eine etwas seltsame Katze zu sehen, doch bei näherem Betrachten entpuppen sich die überzähligen Beine und Schwänzchen als fünf Katzenbabys, die von der fürsorglichen Mama gesäugt werden. Die optische Verschmelzung von Mutter und Wurf erinnert daran, dass Katzen zwar von allen Haustieren am wenigsten auf den Menschen angewiesen sind, ihre blind, taub und zahnlos geborenen Jungen aber vollständig von ihrer Mutter abhängen. Anders als Hundewelpen, die mal hier und mal da nuckeln, entscheiden sich Katzenkinder von Anfang an für eine Zitze und bleiben bis zum Abstillen bei dieser. In der Reproduktion des Bildes wirkt das Fell der Katze wie mit weißer Farbe gemalt. Tatsächlich aber verwendete die Künstlerin Kiki Smith hierfür Blattplatin. Man muss ihr recht geben: Die hübsche Katzenmama und ihre niedlichen Kätzchen sind ein so erlesenes, kostspieliges Material allemal wert.

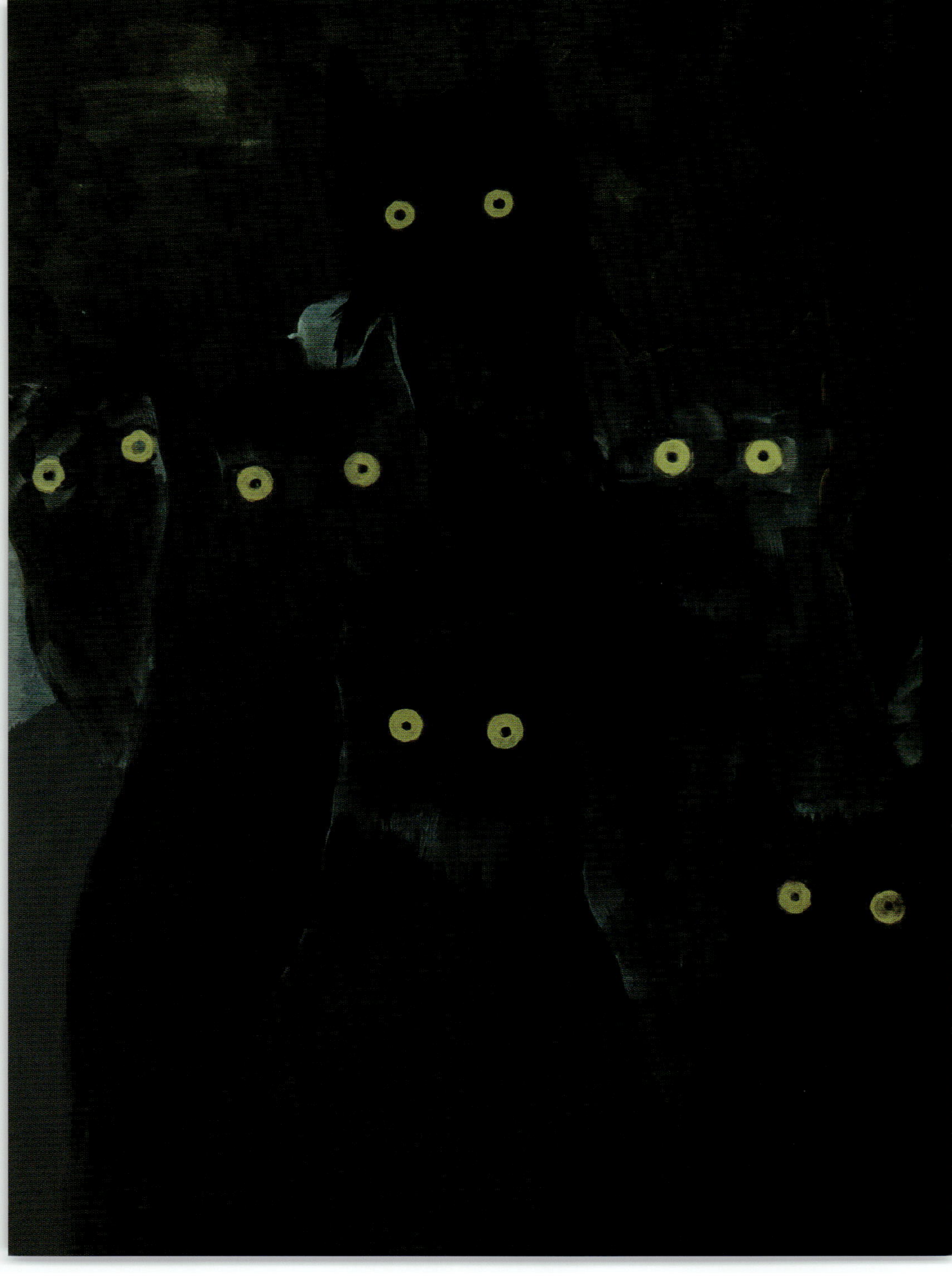

»Eine Katze führt zur nächsten.«

ERNEST HEMINGWAY

Dorota Sroka, *Ohne Titel* (Detail), 2010

»DAS SINNBILD VON

Ruhe

IST EINE

sitzende Katze.«

JULES RENARD

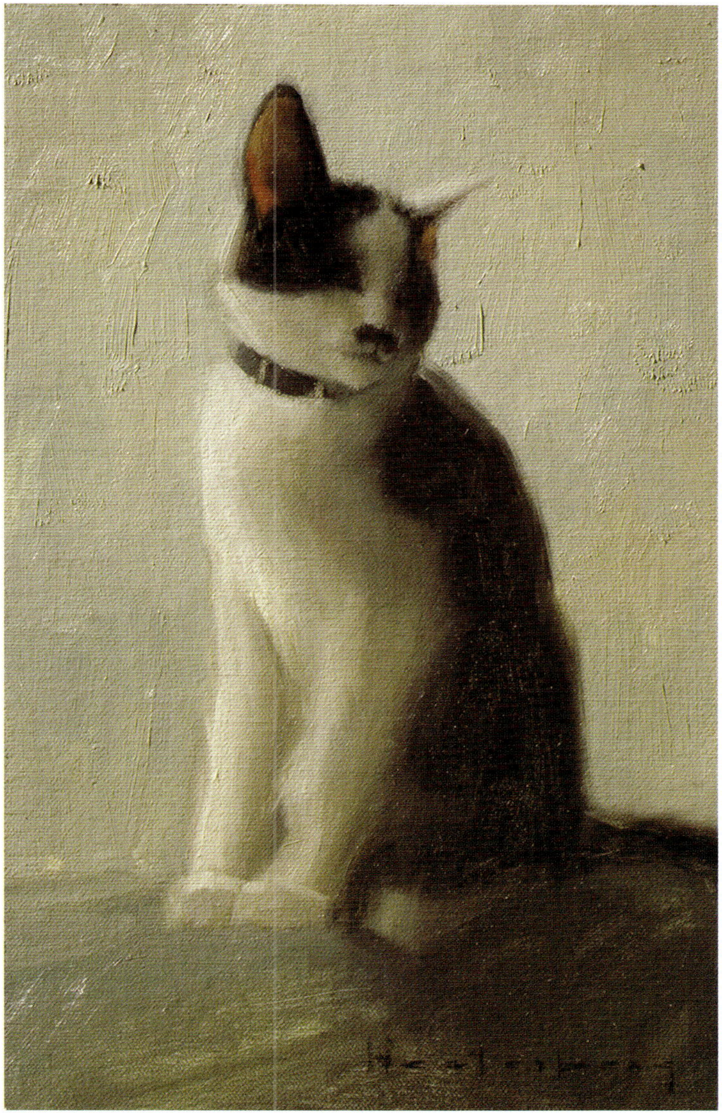

Aaron Westerberg, *Sen Sei, die Katze des Künstlers*, 2007

MORRIS HIRSHFIELD

Angorakatze

1937–1939

Bei »Angora« denken die meisten an Kaninchen, doch der Name dieser Katze ist auf den alten Namen der türkischen Hauptstadt Ankara zurückzuführen: Angora. Diese uralte Katzenrasse stammt aus der Türkei. Sie zeichnet sich durch ein »seidiges Langhaarfell und einen eleganten, athletischen Körperbau« aus. So heißt es jedenfalls, doch die Katze mit dem Silberblick auf dem Gemälde von Morris Hirshfield hat von all der Herrlichkeit offenbar nicht viel abbekommen. Morris Hirshfield hatte keine Kunsthochschule besucht, erhielt jedoch 1943 eine Einzelschau, als das MoMA (vorübergehend) auch Werke von Autodidakten sammelte und ausstellte – zu einer Zeit, als er gerade einmal 30 Gemälde fertiggestellt hatte. Die Schau fiel spektakulär durch, wurde von Kritikern in der Luft zerrissen und führte zur Entlassung des MoMA-Direktors Alfred H. Barr Jr. Allerdings hatte Hirshfield auch eine treue Anhängerschaft, die ihn als Nachfolger Henri Rousseaus sah. Ein großer Fan Hirshfields war übrigens der niederländische Maler Piet Mondrian.

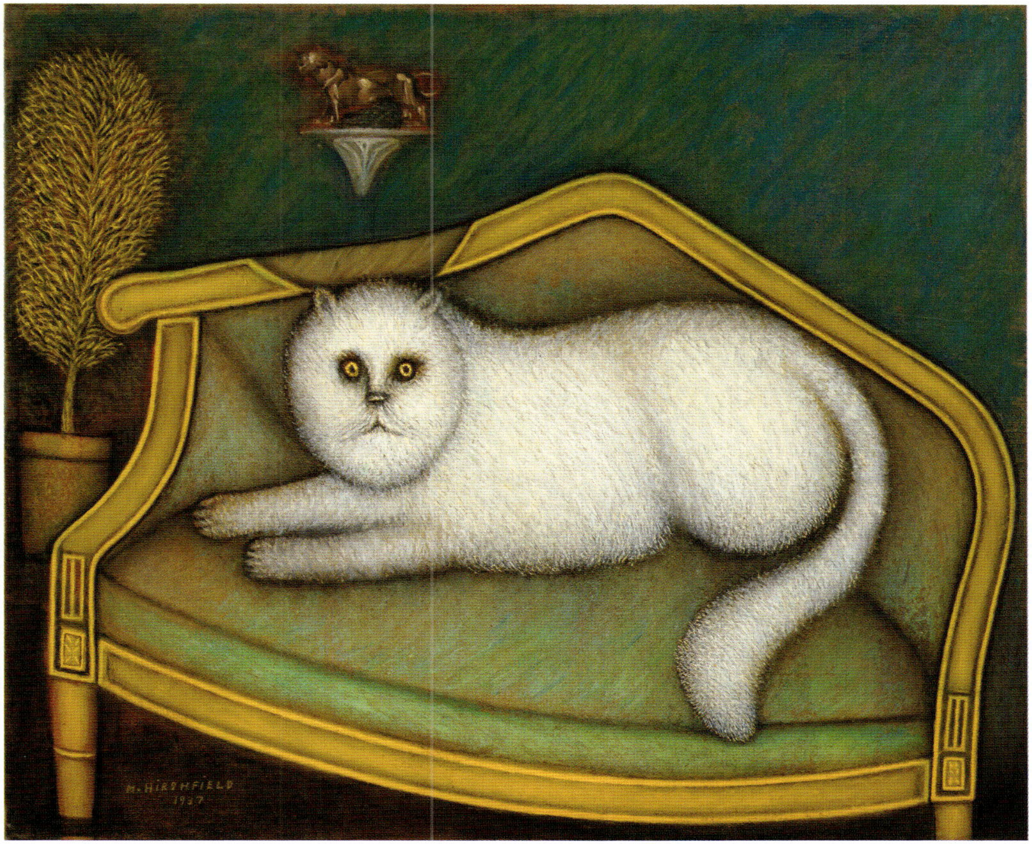
M. HIRSHFIELD
1937

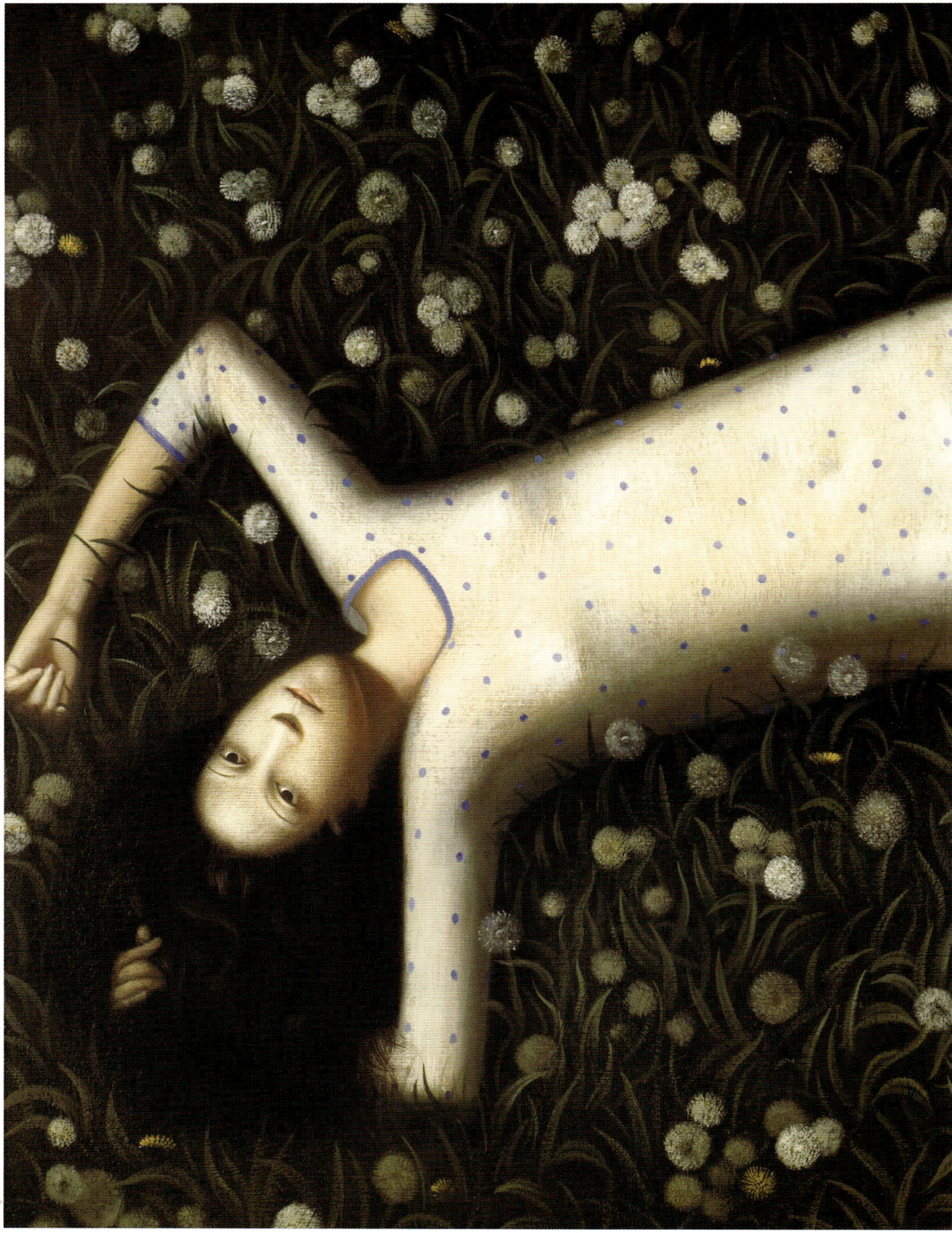

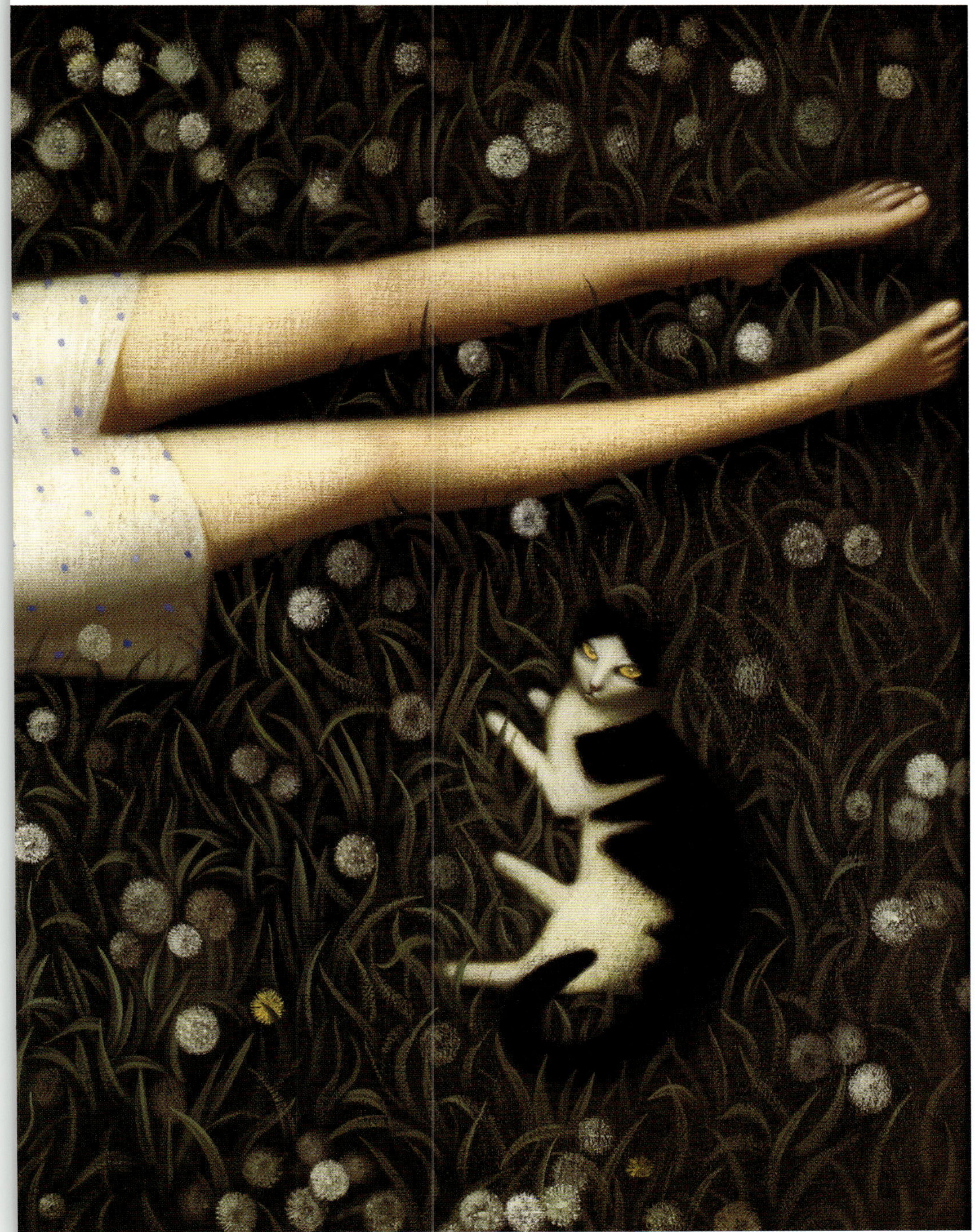

»Frauen sind wie Katzen:
Beide kann man nur zwingen, das zu tun,
was sie selbst mögen.«

COLETTE

RECHTS: Vania Zouravliov, *Lilin*, 2006
VORHERGEHENDE DOPPELSEITE: Vladimir Dunjić, *Katze*, 2001

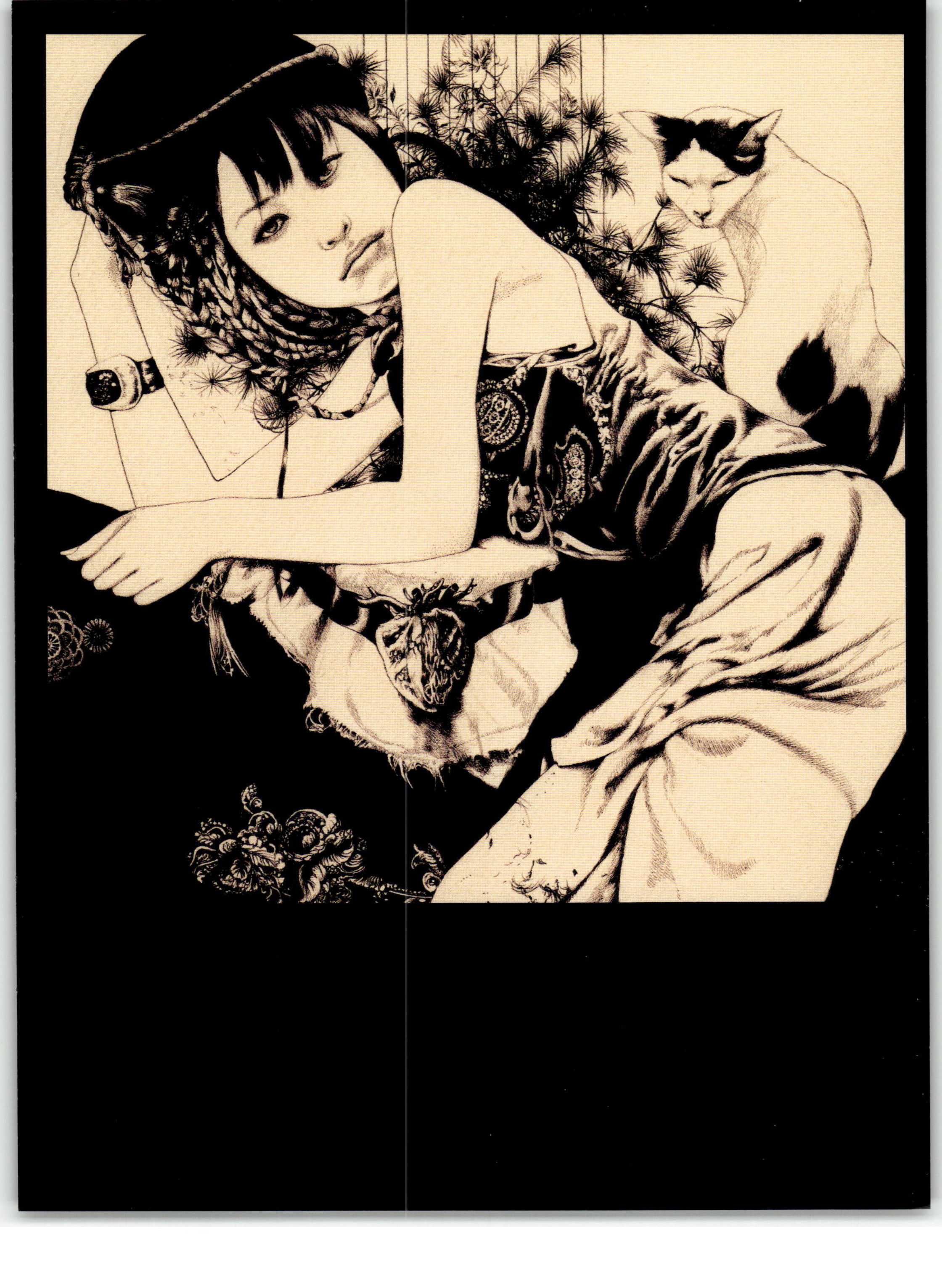

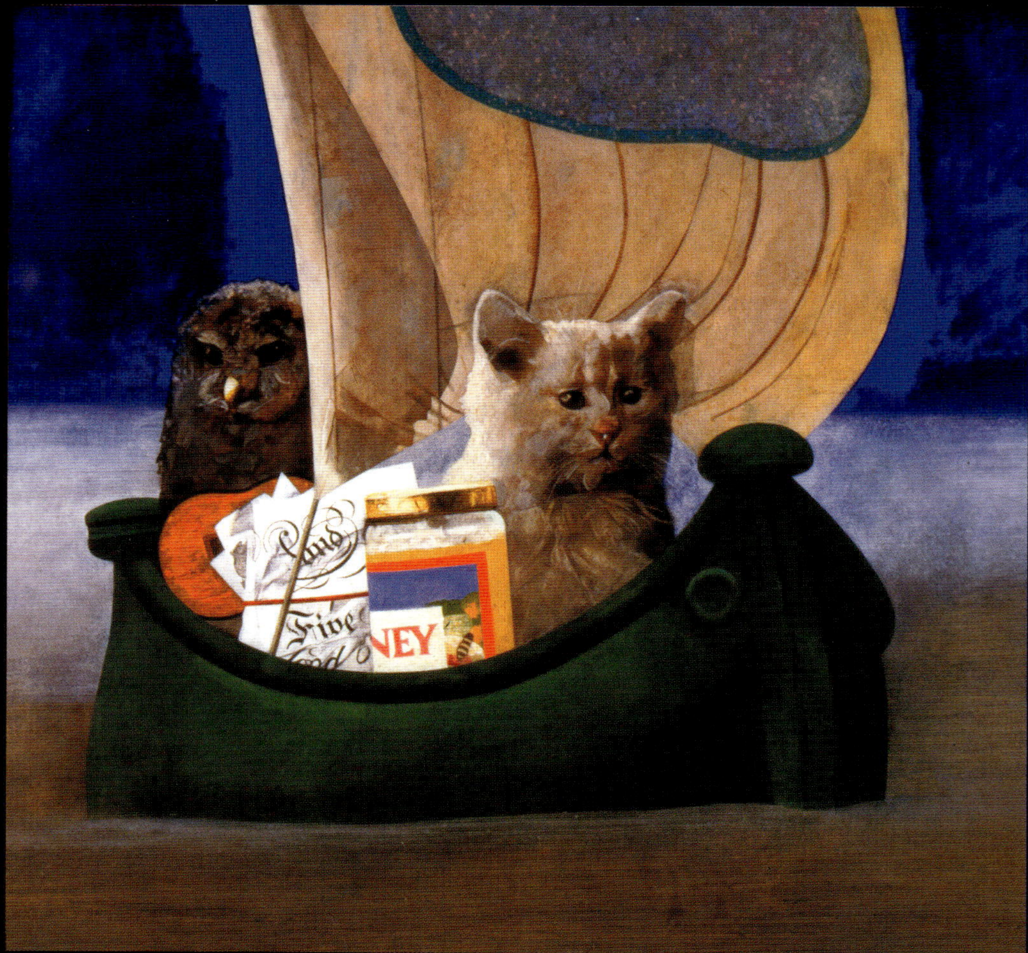
Five
NEY

PETER BLAKE

Der Eul und die Miezekatz

1981–1983

Der Eul und die Miezekatz gingen zur See
In ihrem nilgrünen Boote.
Geld packten sie weise und Honig zur Reise
In eine Hunderternote.

Edward Lear, »The Owl and the Pussycat«

Edward Lears 1871 erschienenes Nonsensgedicht – hier in einer Übersetzung von Grete Fischer – erzählt die rührende Liebesgeschichte zweier völlig ungleicher Wesen. Lear war ein großer Katzenfreund, und sein geliebter Tigerkater Foss (wohl das Vorbild für die »Miezekatz«), der in vielen seiner Zeichnungen und Schriften auftaucht, kam schon als Katzenbaby zu ihm und war einem Gedicht Lears zufolge »kugelrund«. Um ihn am Streunen zu hindern, hackte ein Dienstbote ihm angeblich den halben Schwanz ab. Viele Jahre waren Foss und Lear unzertrennlich, und als die Umsiedlung nach Italien anstand, bat Lear den Architekten, für das neue Haus in Italien den Grundriss des alten zu übernehmen, damit der Kater sich dort auf Anhieb zurechtfand. Foss segnete schließlich im stattlichen Alter von 17 Jahren das Zeitliche und wurde im Garten von Lears Villa Tennyson in San Remo beigesetzt. Sein Herrchen überlebte ihn nur um zwei Monate.

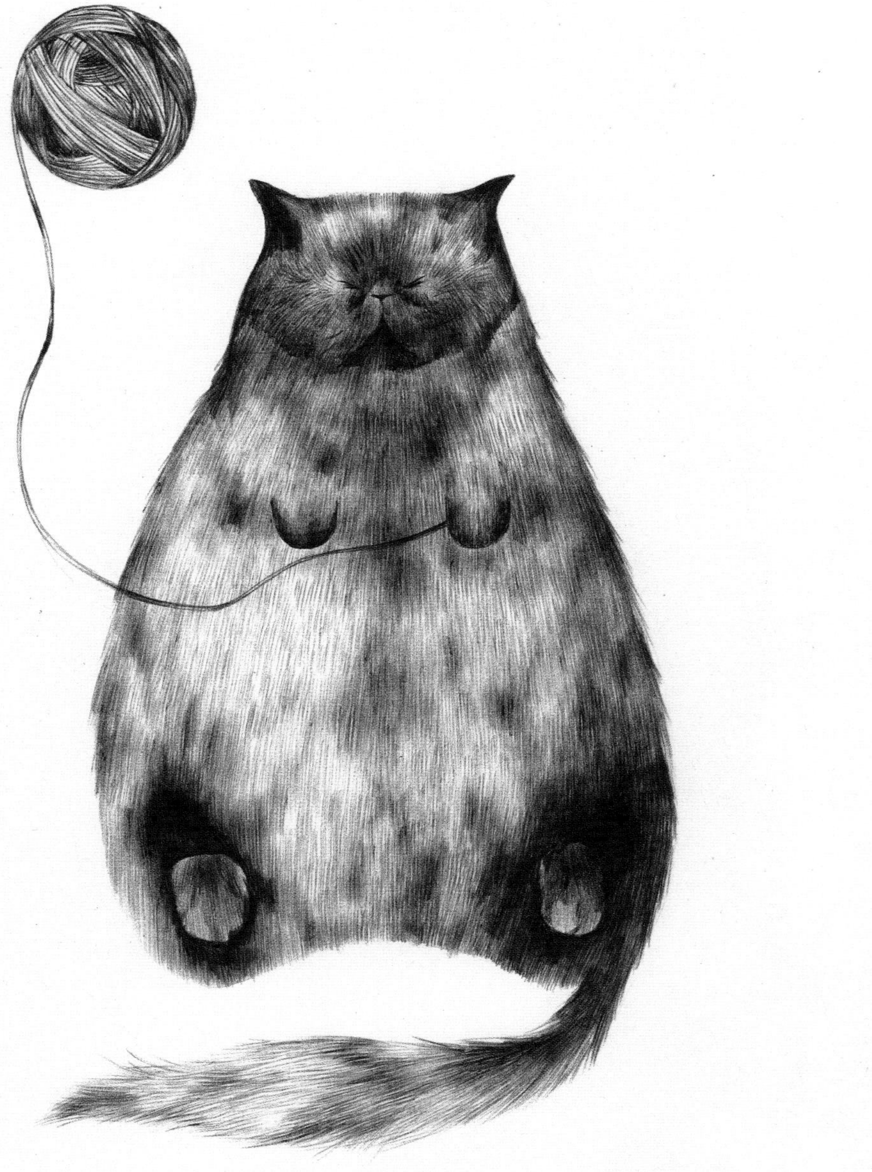

»EINE

Katze

IM HAUS
ERSETZT JEDE

Skulptur.«

WESLEY BATES

Julia Ogden, *Billy*, 2016

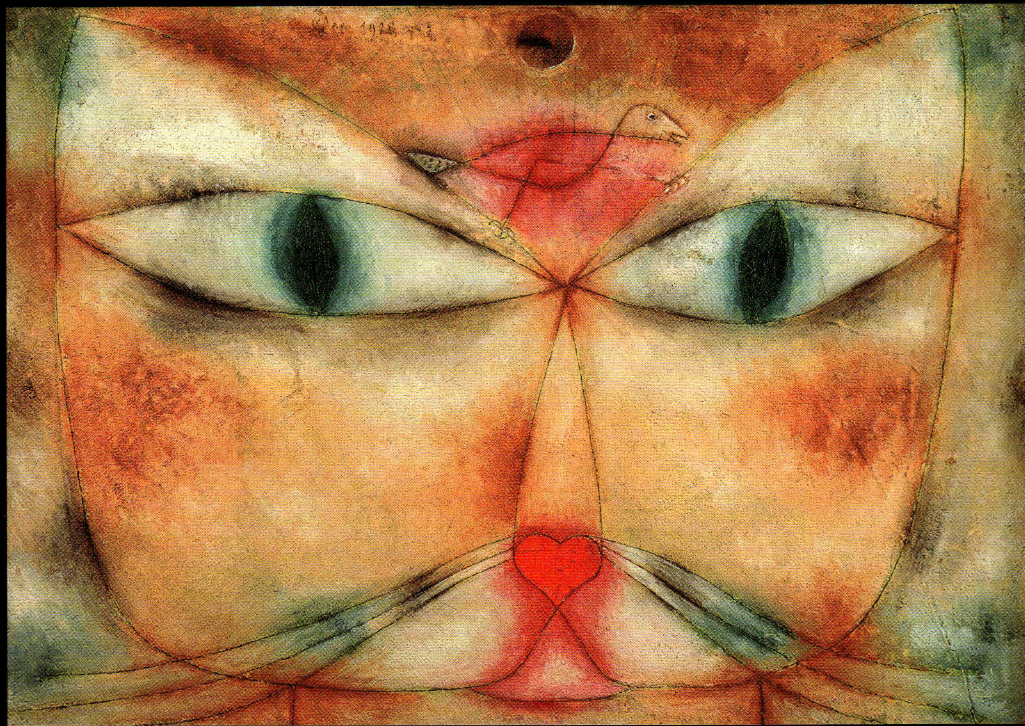

PAUL KLEE

Katze und Vogel

1928

Paul Klees Katzenbild entstand während seiner Zeit am Bauhaus rund fünf Jahre vor der Schließung der Kunstschule durch die Nazis. Zwischen den weit aufgerissenen Augen sieht man auf Anhieb, was diese Katze im Sinn hat: einen Vogel. Den riesig erweiterten Pupillen nach zu urteilen, macht sie sich gerade zum Sprung bereit, um sich auf ihr nichts ahnendes Opfer zu stürzen. Das Zweite, was uns im kindlich gezeichneten Katzengesicht auffällt, ist der Nasenspiegel, den Klee als hübsches rotes Herzchen wiedergibt. Zeigt Klee hier in funkelnden Edelsteinfarben womöglich gar kein Raubtier und dessen Beute, sondern eine rare, kostbare Liebesgeschichte zwischen Katze und Vogel? So unwahrscheinlich es auch klingt, ausgeschlossen ist es nicht, denn die Katzenpsyche ist bekanntlich immer für Überraschungen gut.

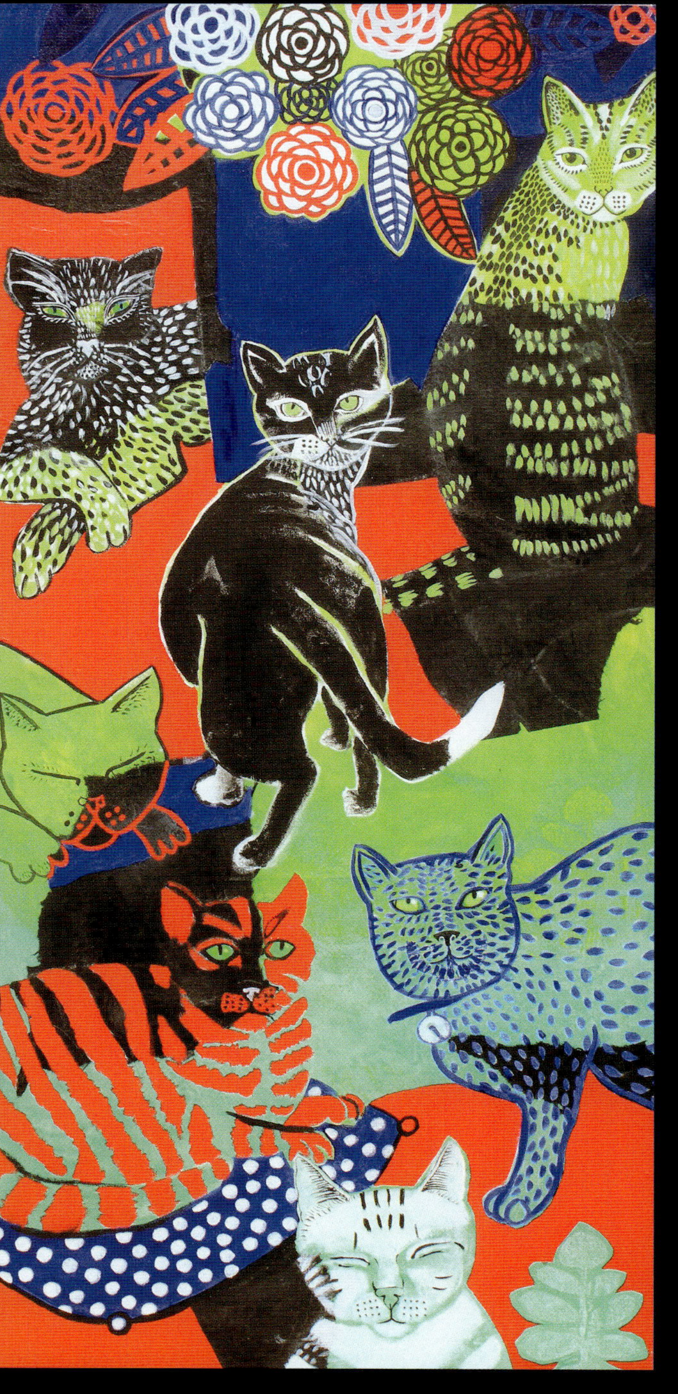

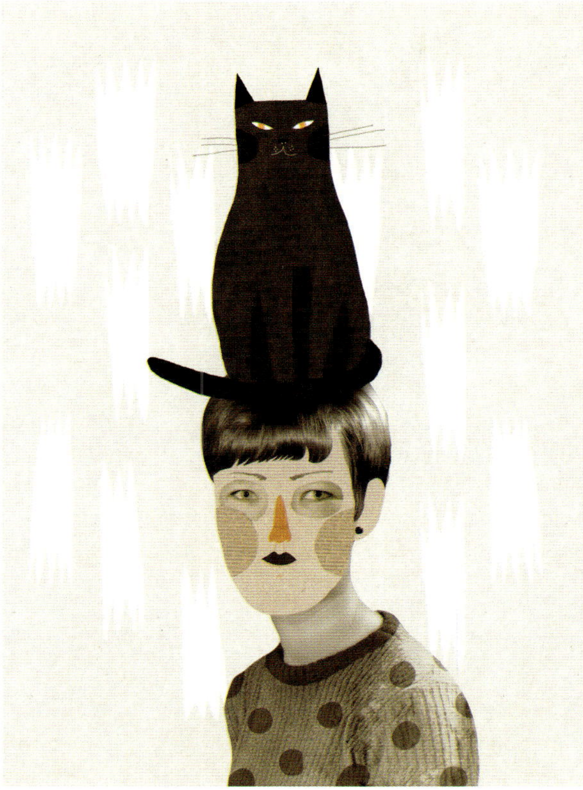

OBEN: Mathilde Aubier, *Eine Katze auf dem Kopf*, 2016
LINKS: Cate Edwards, *Sieben Katzen*, 2014

CHRISTOPHER WOOD

Junge mit Katze

1926

Der »Junge« ist Christopher Woods Freund Jean Bourgoint, doch trotz seiner bekannten homosexuellen Neigungen hatte der Maler nicht mit Jean, sondern dessen bildschöner Schwester Jeanne eine stürmische Liebesaffäre. Der junge Mann und die Siamkatze haben viel gemeinsam. Beide haben auffallend blaue Augen, beide wirken stilvoll, elegant – und ein wenig, als fühlten sie sich unbehaglich. Jean und Jeanne, denen in den Goldenen Zwanzigern die Herzen der Pariser Boheme zuflogen, sollen Jean Cocteau zum Geschwisterpaar in seinem Roman *Kinder der Nacht* inspiriert haben. Ebenfalls 1926 malte Wood auch Jeanne in der gleichen Haltung mit gekreuzten Beinen, jedoch mit einem (offenbar) toten Fuchs auf dem Schoß. Bei allem künstlerischen Talent endete Woods turbulentes Leben tragisch. Wenige Jahre nach Entstehung dieses Bildnisses warf er sich, wohl unter Drogeneinfluss, in Salisbury vor einen Zug.

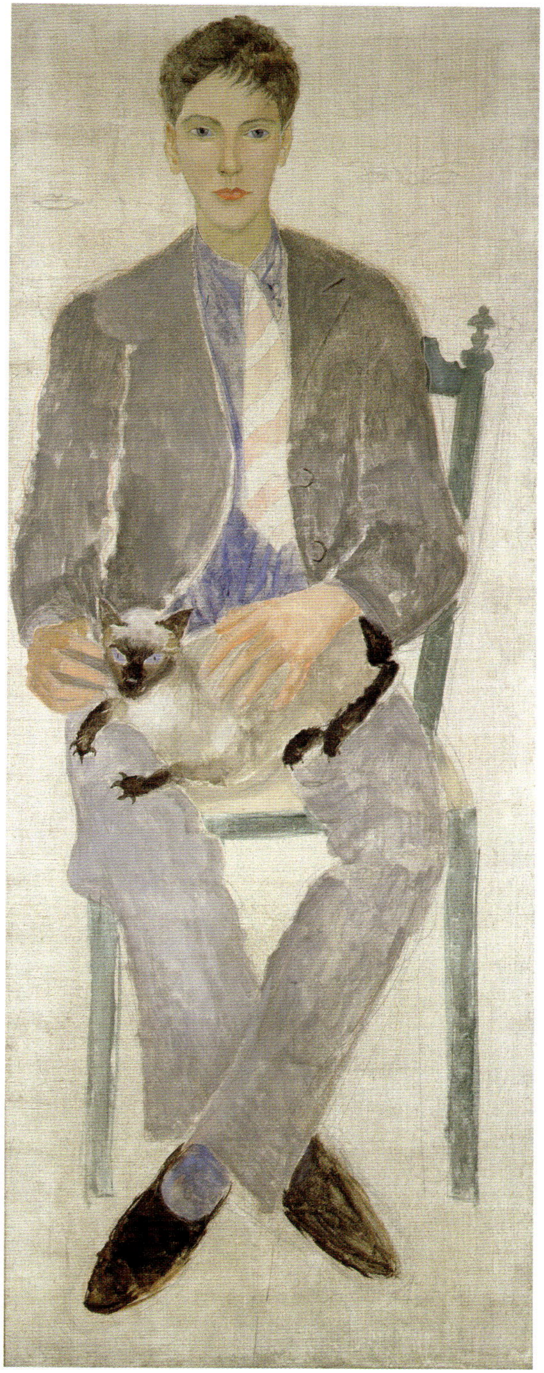

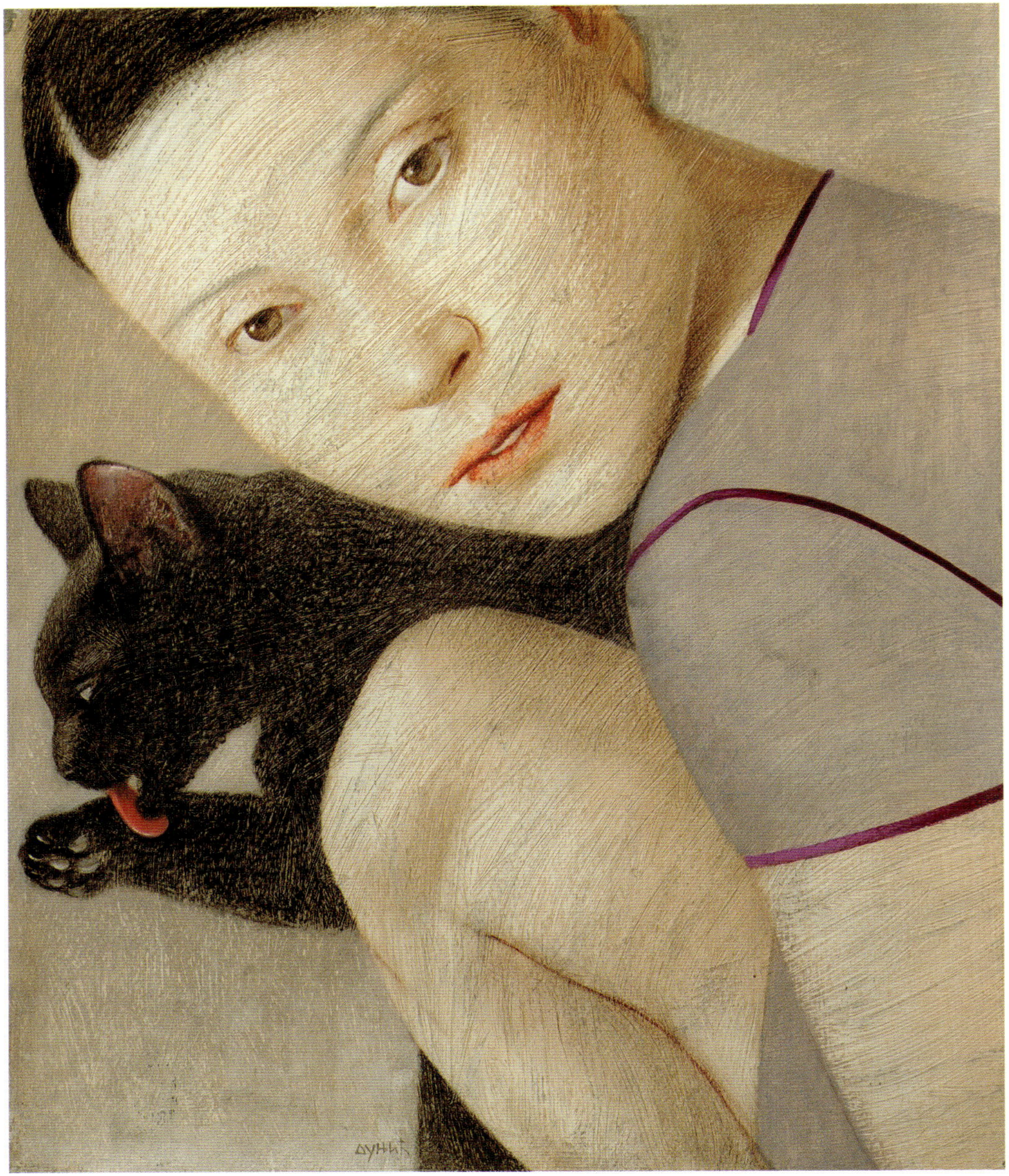

Vladimir Dunjić, *Das letzte Katzenleben*, 2015

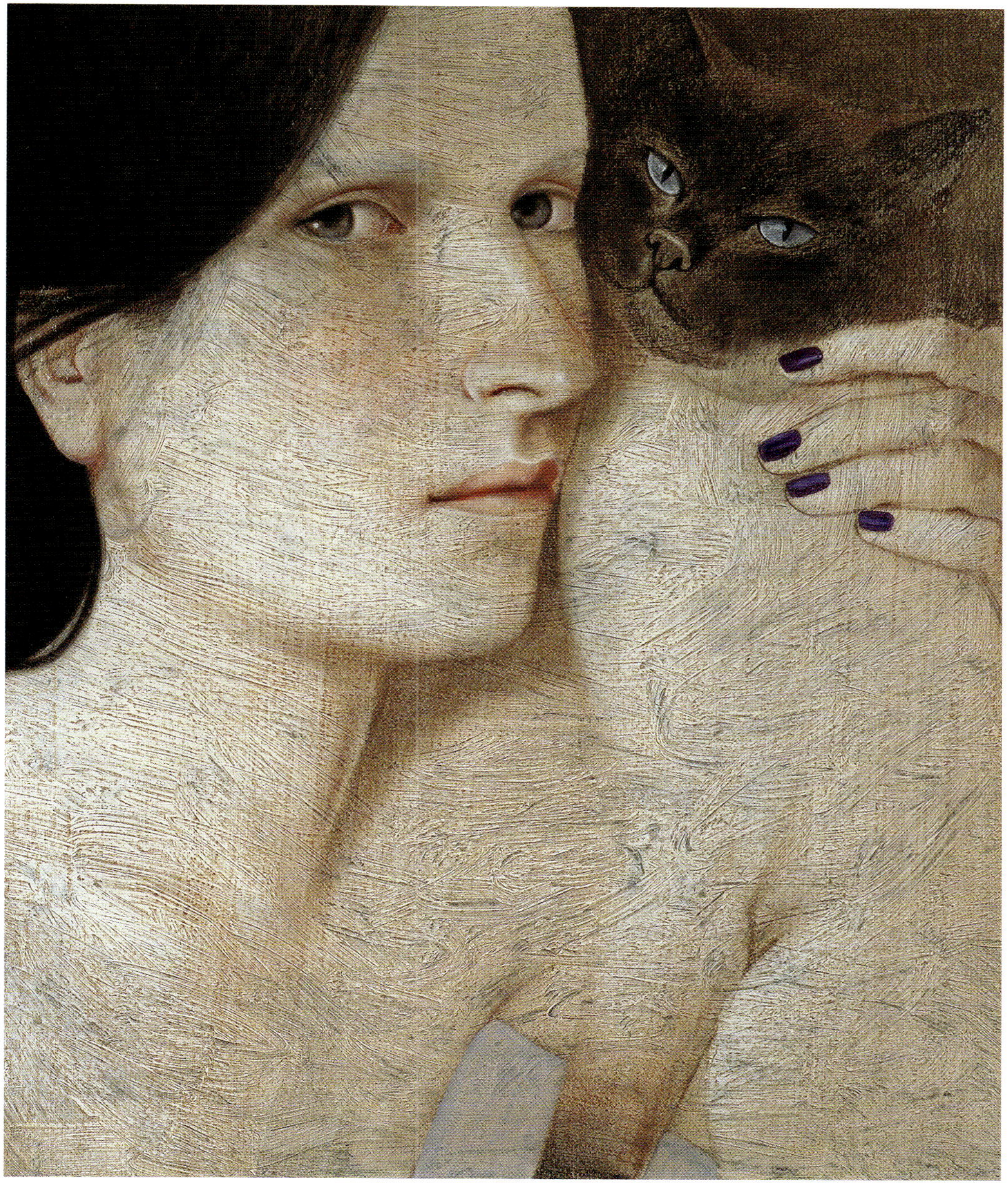

Vladimir Dunjić, *Die Siamkatze*, 2014

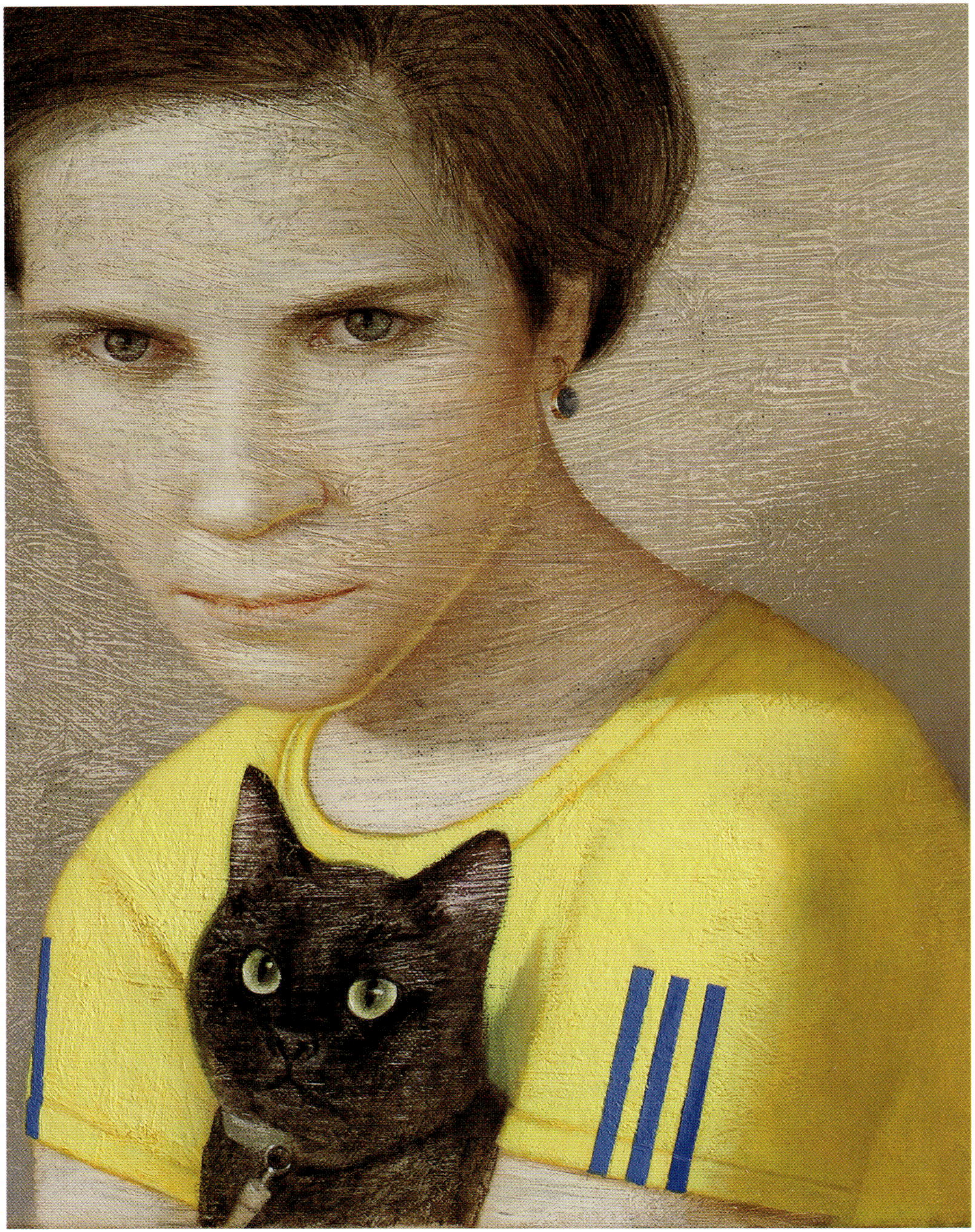

Vladimir Dunjić, *Schwarze Katze*, 2015

»Schöne Fraun und Katzen pflegen

häufig Freundschaft, wenn sie gleich sind,

WEIL SIE WEICH SIND

UND MIT GRAZIE SICH BEWEGEN.«

JOACHIM RINGELNATZ

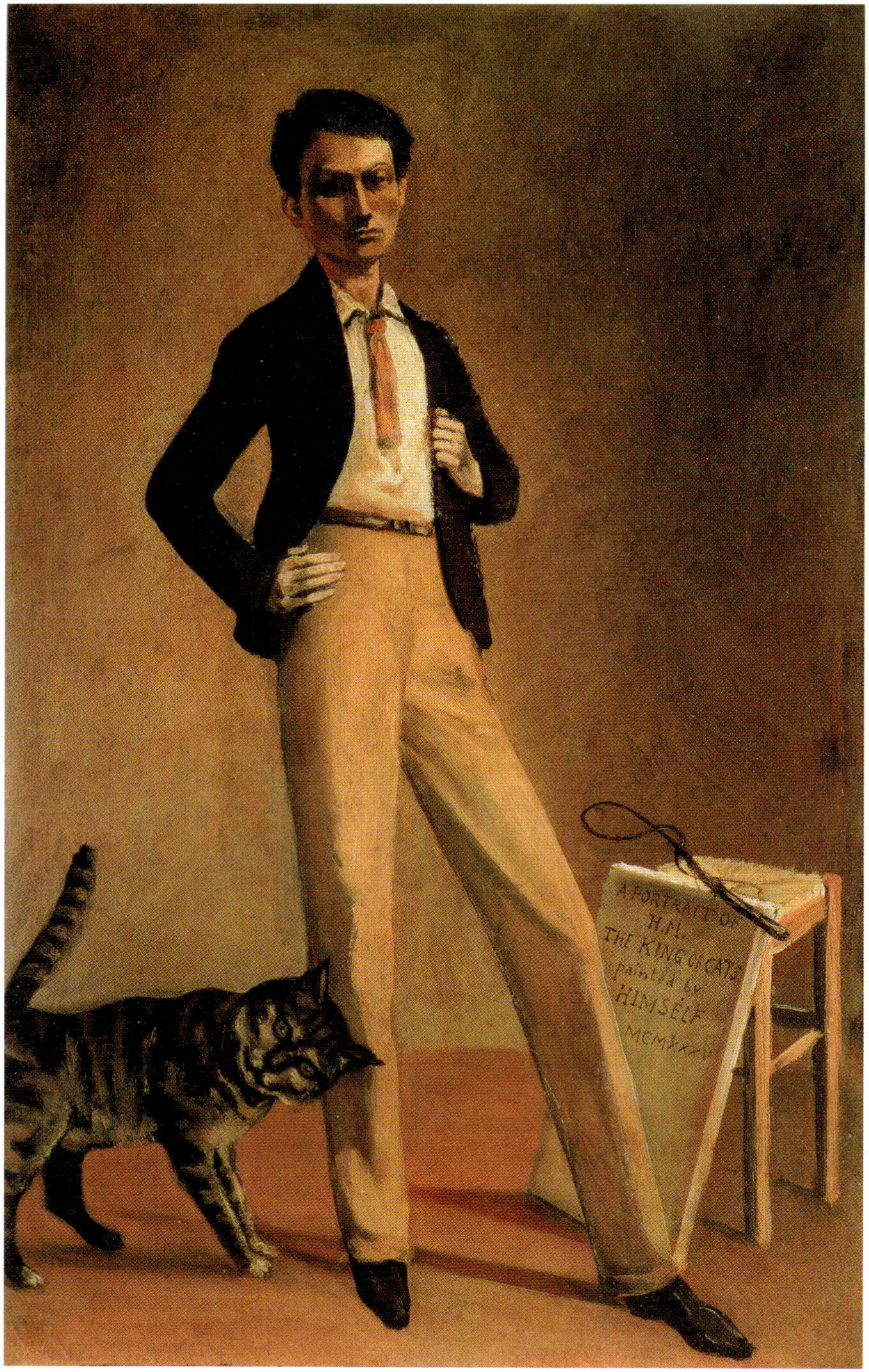
A PORTRAIT OF
H.M.
THE KING OF CATS
painted by
HIMSELF
MCMXXXV

BALTHUS

Ein Porträt seiner Majestät des Königs der Katzen

1935

Katzen faszinierten Balthasar Klossowski de Rola, genannt Balthus, sein Leben lang. Schon 1921 erschien unter dem Titel *Mitsou* seine Geschichte eines jungen Mannes und dessen Katze. Seine Berühmtheit verdankte Balthus später allerdings zweideutigen Bildern von blutjungen Mädchen wie in der *Gitarrenstunde* von 1934. Er verkehrte in Pariser Künstler- und Literatenkreisen und begeisterte Kollegen wie Picasso. Durch die lang gestreckten Proportionen lassen der selbst ernannte »König der Katzen« und die Köpfchen gebende Katze eher an ein Modeblatt als an ein Selbstbildnis denken. Balthus' Sujets waren immer äußerst umstritten, vielleicht sogar mit Absicht, denn sein Image als rätselhafter Star im Dunstkreis von Mannequins, königlichen Hoheiten und anderen Prominenten kultivierte er bis zu seinem Tod.

TSUGUHARU LÉONARD FOUJITA

Selbstporträt im Atelier

1926

Dank seiner auffallenden Erscheinung und seiner Leidenschaft für Kunst, Frauen und Katzen erregte der japanische Künstler Tsuguharu Léonard Foujita 1913 am Pariser Montparnasse solches Aufsehen, dass er rasch zur Berühmtheit aufstieg und sich mit Stars wie Fernand Léger, Georges Braque und Amedeo Modigliani anfreundete. Mit seiner dicken Hornbrille, seiner eintätowierten Armbanduhr, dem Klunkerschmuck und den wallenden »griechischen« Gewändern war er nicht zu übersehen. Viel Sinn für schrägen Humor zeigte er, wenn er zuweilen einen Lampenschirm als Hut trug und ihn als Teil der traditionellen japanischen Kleidung erklärte. Zu Michael Josephs Gedichtband *A Book of Cats*, der 1930 in einer Auflage von 500 Stück erschien, steuerte Foujita 20 prachtvolle Illustrationen bei. Sollten Sie je in einem Antiquariat davon ein Exemplar entdecken, das nicht so viel kostet wie ein Mittelklassewagen, dann schlagen Sie zu, denn Sie sichern sich damit eines der kostbarsten Katzenbücher, die je gedruckt wurden.

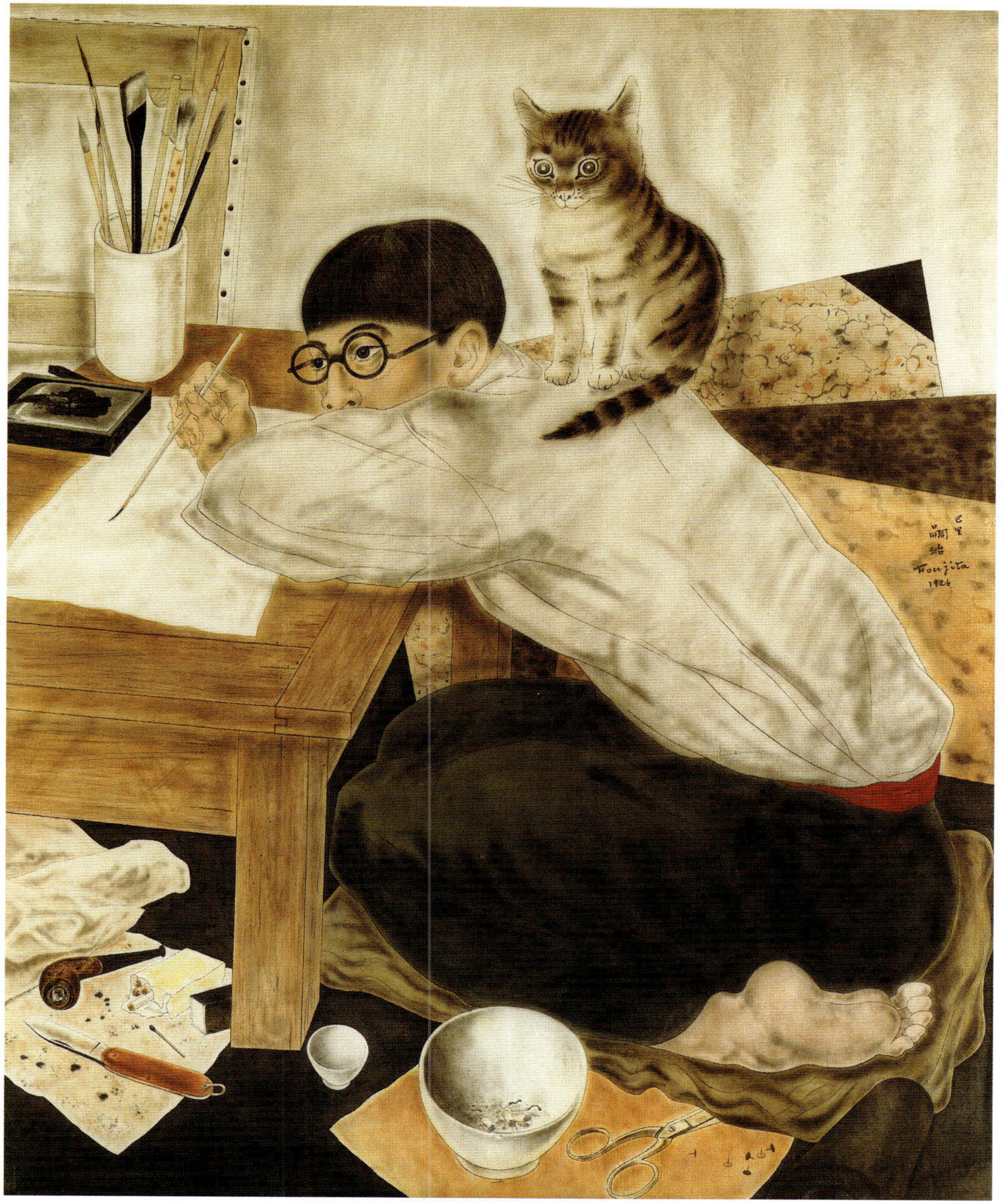
巴里
嗣治
Foujita
1926

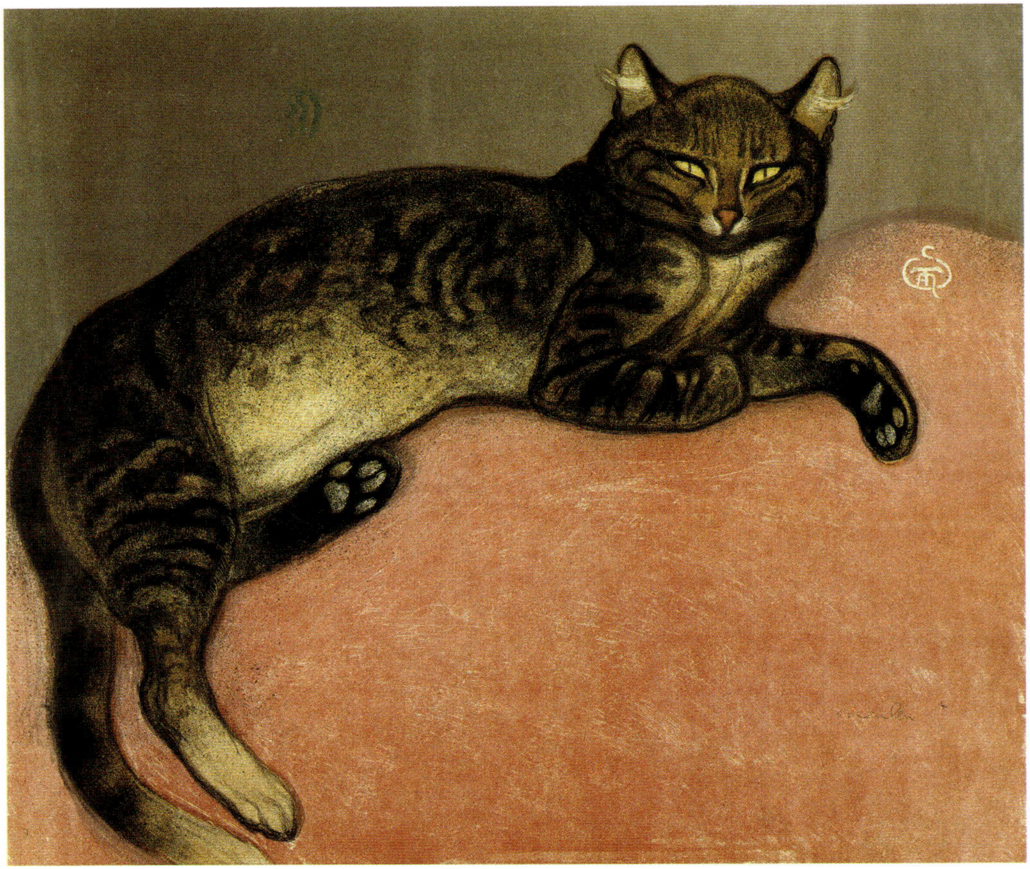

OBEN: Théophile-Alexandre Steinlen, *Liegende Katze*, 1909
RECHTS: Suzanne Valadon, *Blumenstrauß und Katze*, 1919

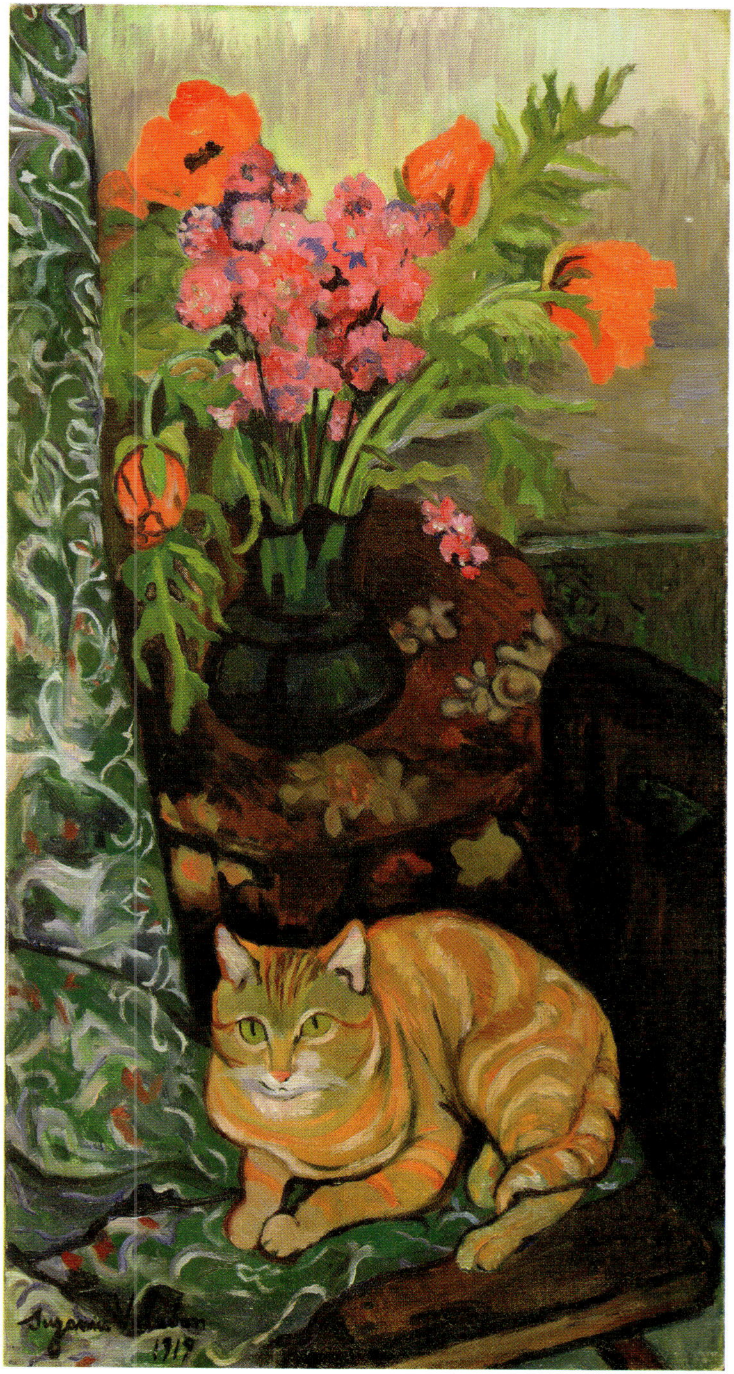

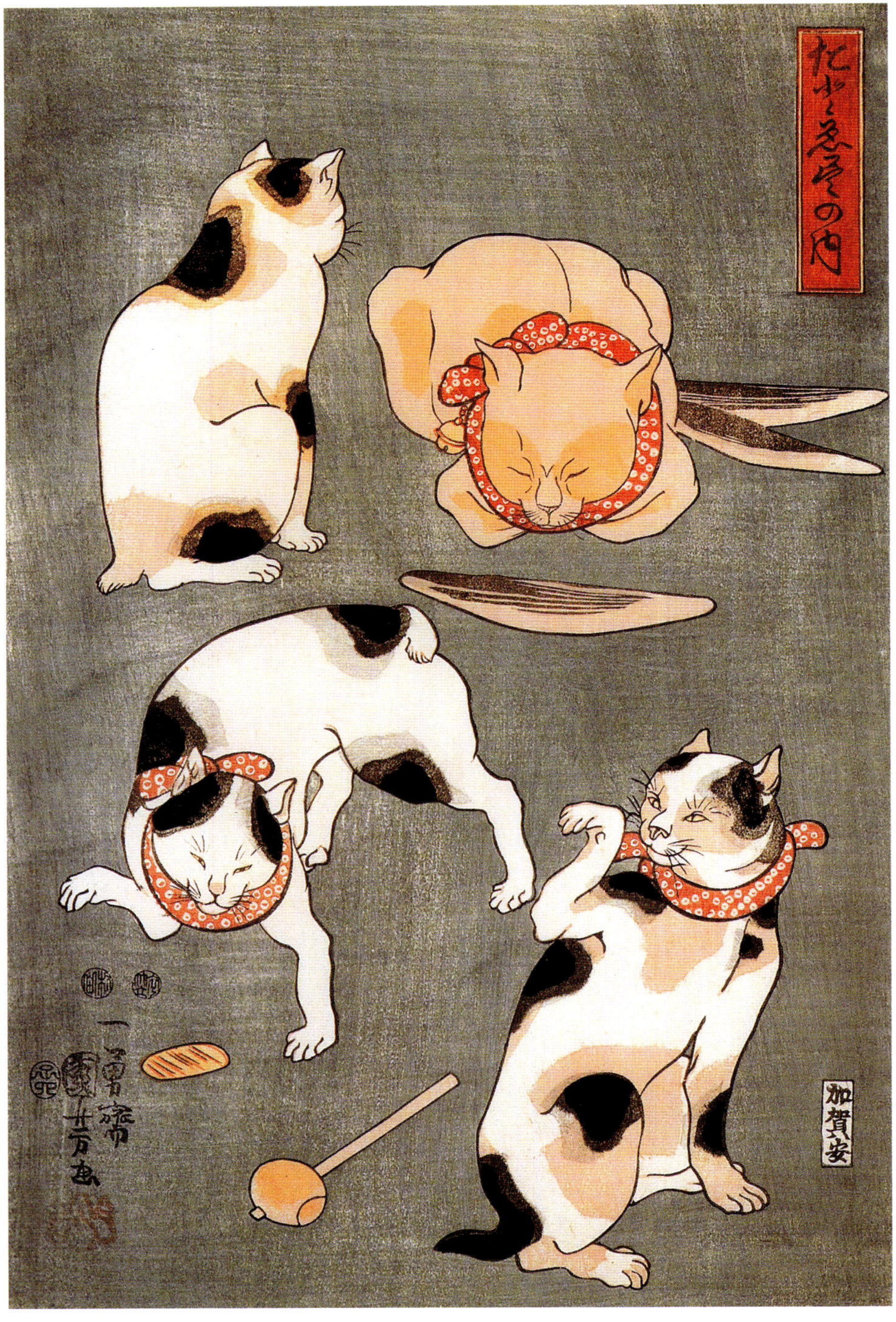
一勇斎国芳画
加賀安

UTAGAWA KUNIYOSHI

Katzen als Verkörperung verschiedener Sprichwörter (Detail)

1852

In Japan werden Katzen seit undenklichen Zeiten verehrt. Von den raffinierten Gemälden der Edo-Periode bis zum heute allgegenwärtigen *Hello Kitty*-Emblem spielten und spielen Katzen in der Kultur Japans eine wichtige Rolle. Utagawa Kuniyoshi gilt als einer der Urväter moderner japanischer Katzendarstellungen. Seine schnurrigen Studien zeigen Katzen in vielerlei Gestalt – als Geishas, Menschentypen, Buchstaben oder wie hier als Verkörperungen japanischer Sprichwörter. Wer Katzen hat, kennt sicher die typische Haltung mit dem Blick zur Wand, die oben links die Wendung »Neko wo kaburu« illustriert, wörtlich übersetzt »sich eine Katze anziehen«. Damit ist jedoch keineswegs ein wärmender Katzenpelz gemeint, sondern einfach, dass man sich niemals verbiegen, sondern immer authentisch bleiben soll.

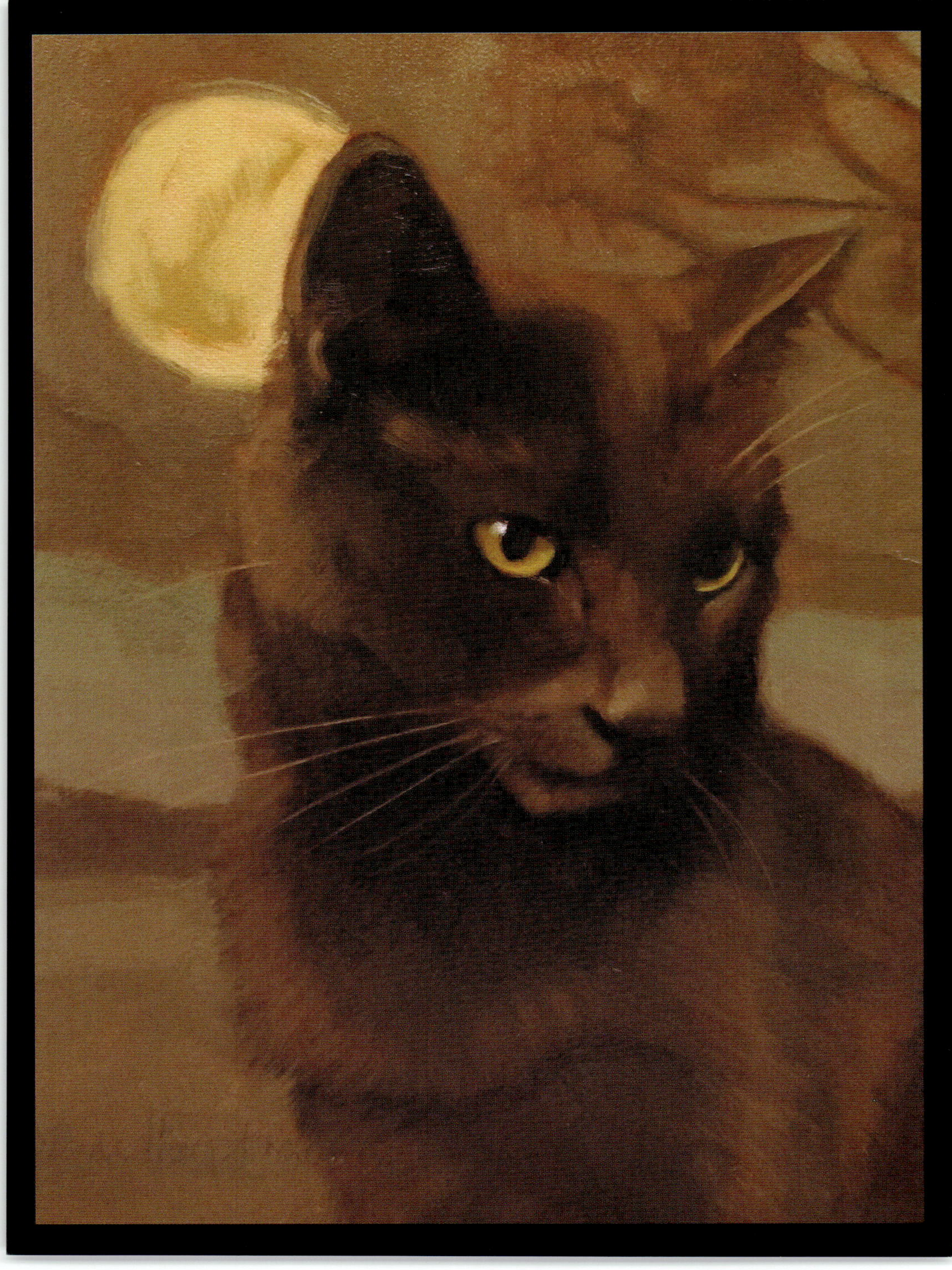

»Das Problem ist, dass eine Katze immer gleich reagiert, egal, ob sie einen Nachtfalter oder einen Meuchelmörder vor sich hat.«

PAULA POUNDSTONE

LINKS: Diane Hoeptner, *Grübelnde Coco* (Detail), 2014
FOLGENDE SEITEN: Endre Penovác, *Jäger*, 2015, und *Kitty*, 2015

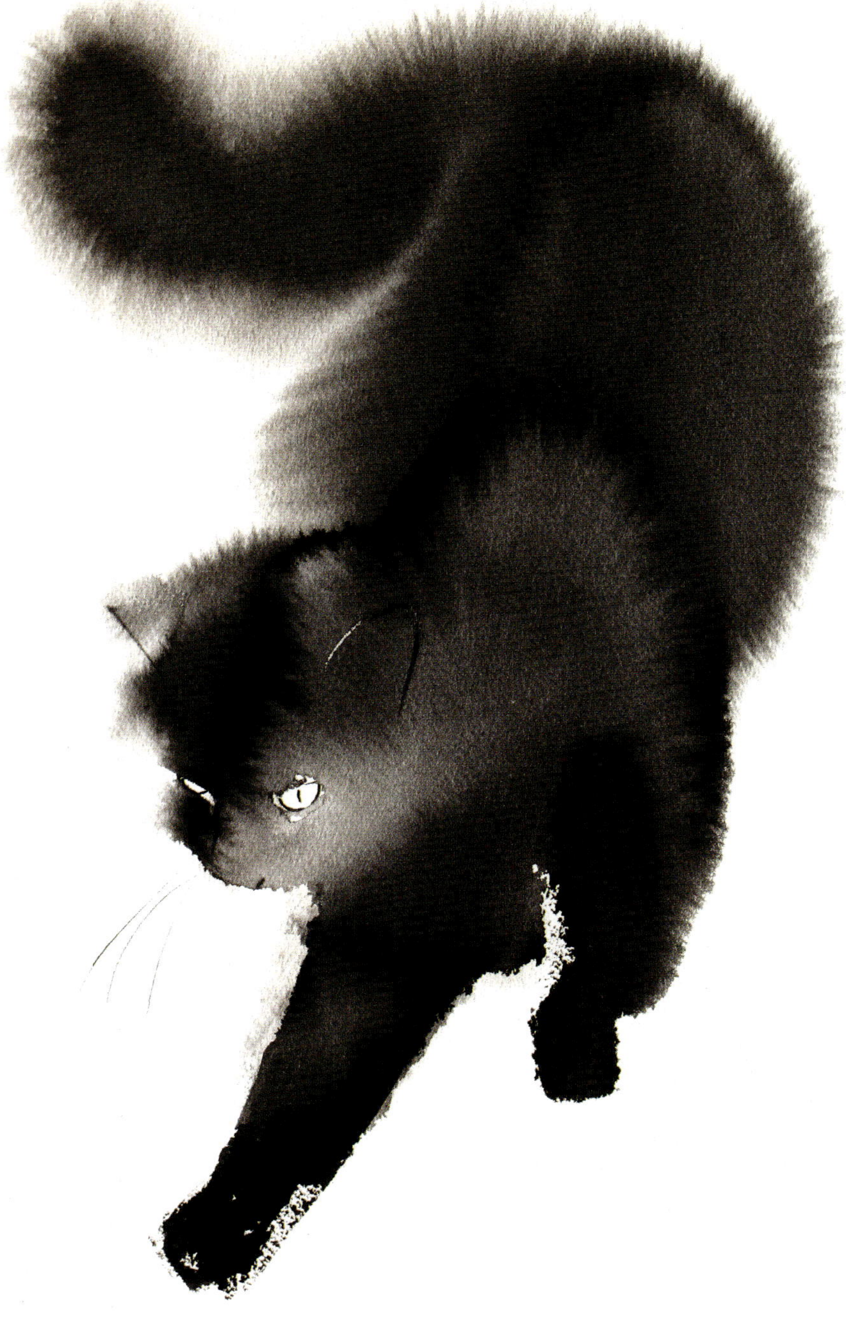

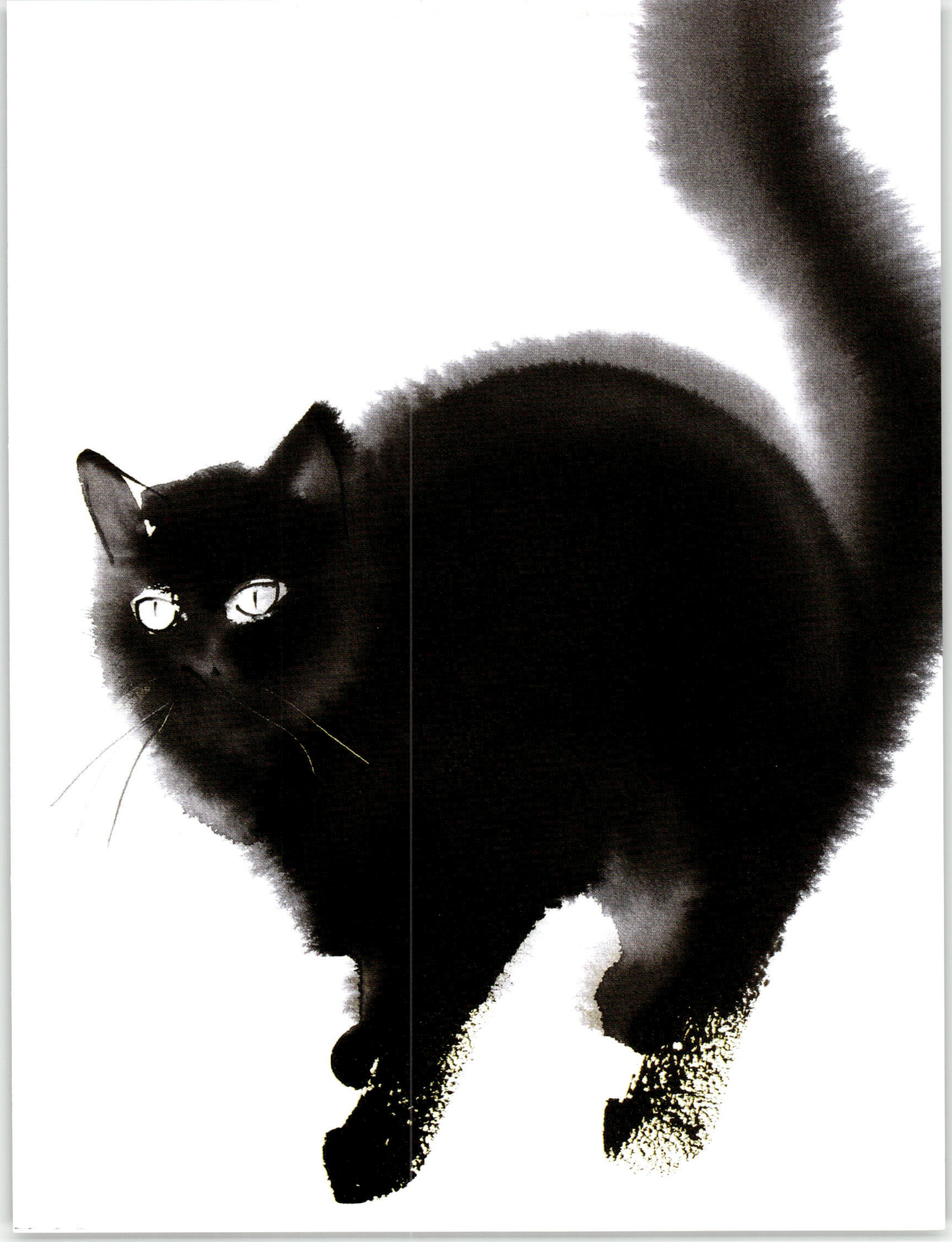

ÉDOUARD MANET

Das Rendezvous der Katzen

1868

Édouard Manet liebte Katzen. Seine schwarz-weiße Zizi ist auf vielen seiner Bilder zu sehen, mal in natura (etwa in *Frau mit Katze* von 1880), mal in anderer Gestalt. Diese beiden Katzen begegnen sich auf einem Pariser Dach der Belle Époque. Die feingliedrige weiße Kätzin flaniert nonchalant vor dem prächtigen schwarzen Kater her, den Schwanz so lockend hochgereckt, dass sich der des Katers zum Fragezeichen biegt. Über beider Schultern wandern prüfende Blicke hin und her. Ein Rendezvous ist eine Verabredung zwischen zweien, die sich gern haben, doch Vereinbarungen zu treffen und einzuhalten ist bekanntlich nichts für Katzen. Wenn Manet also hier das zufällige Zusammentreffen zweier Schnurrbartträger auf dem Dach zum charmanten Stelldichein eines Liebespärchens erklärt, outet er sich als Romantiker alter Schule.

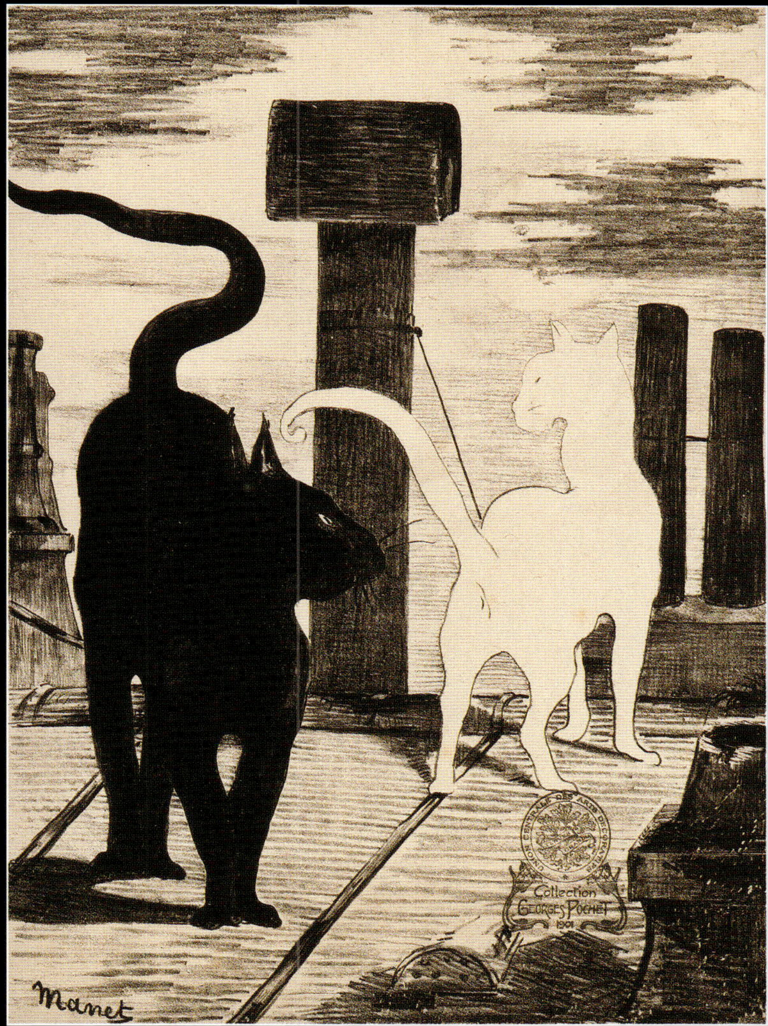
Manet
Union Centrale des Arts Décoratifs
Collection
Georges Pochet
1901

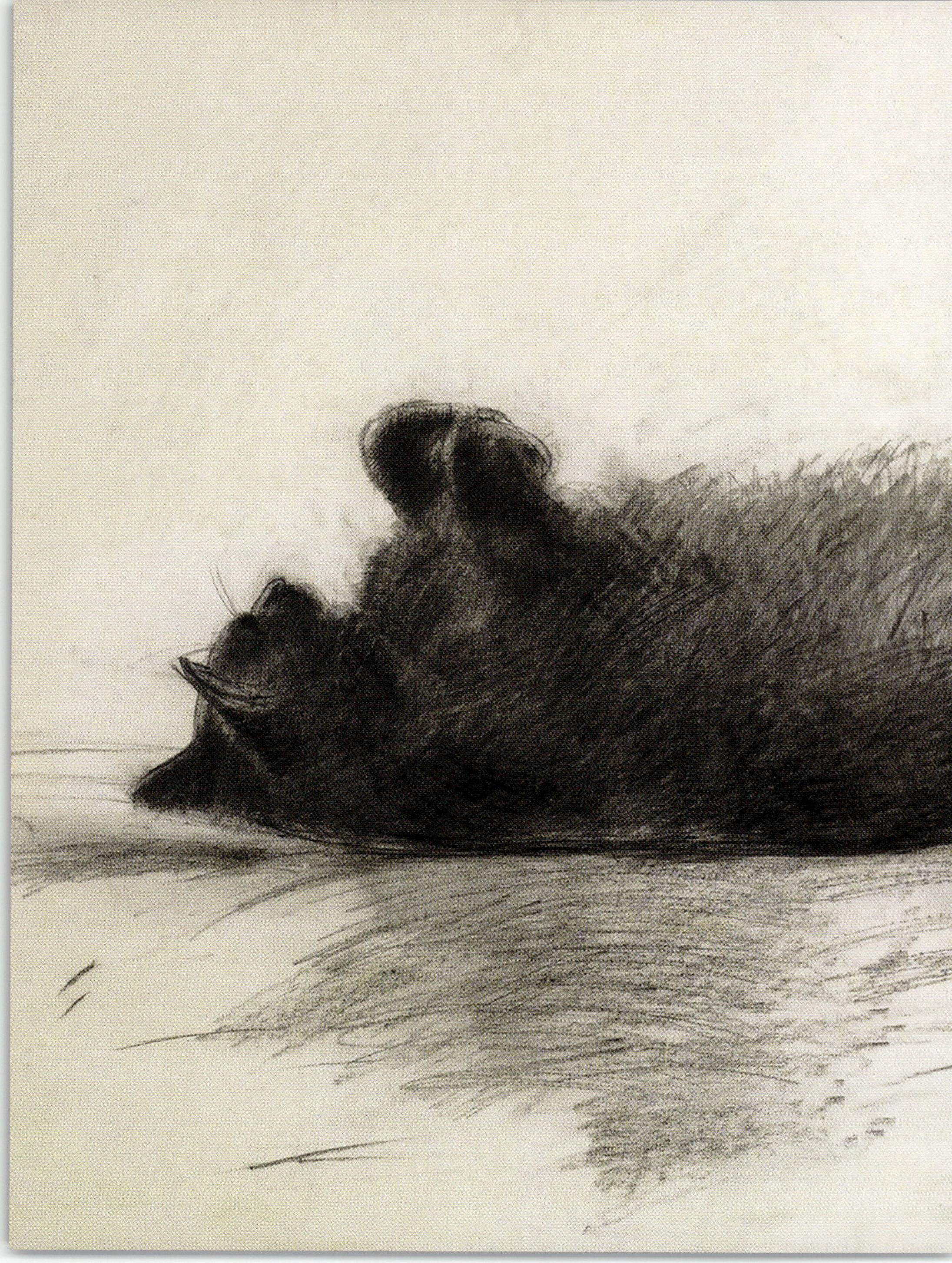

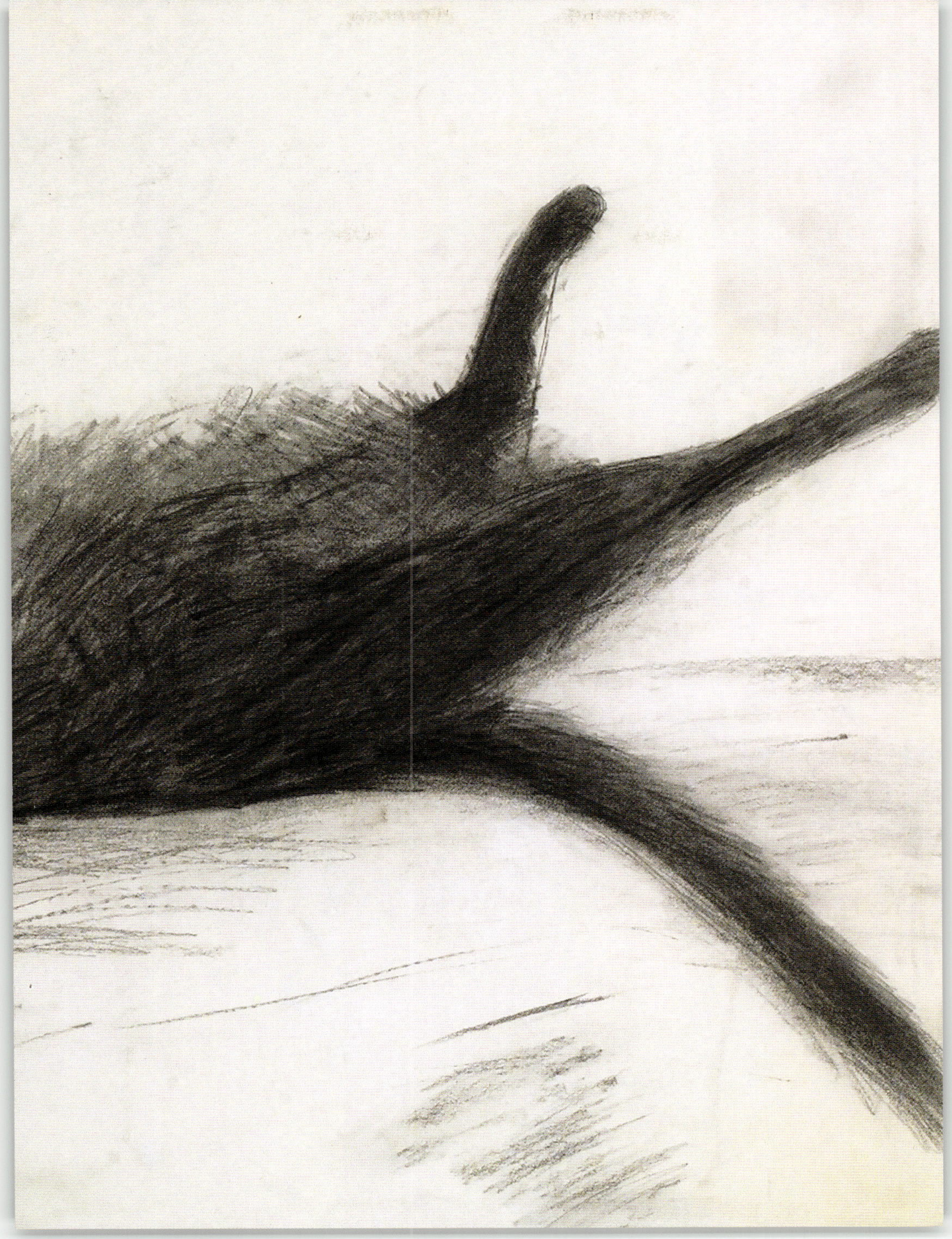

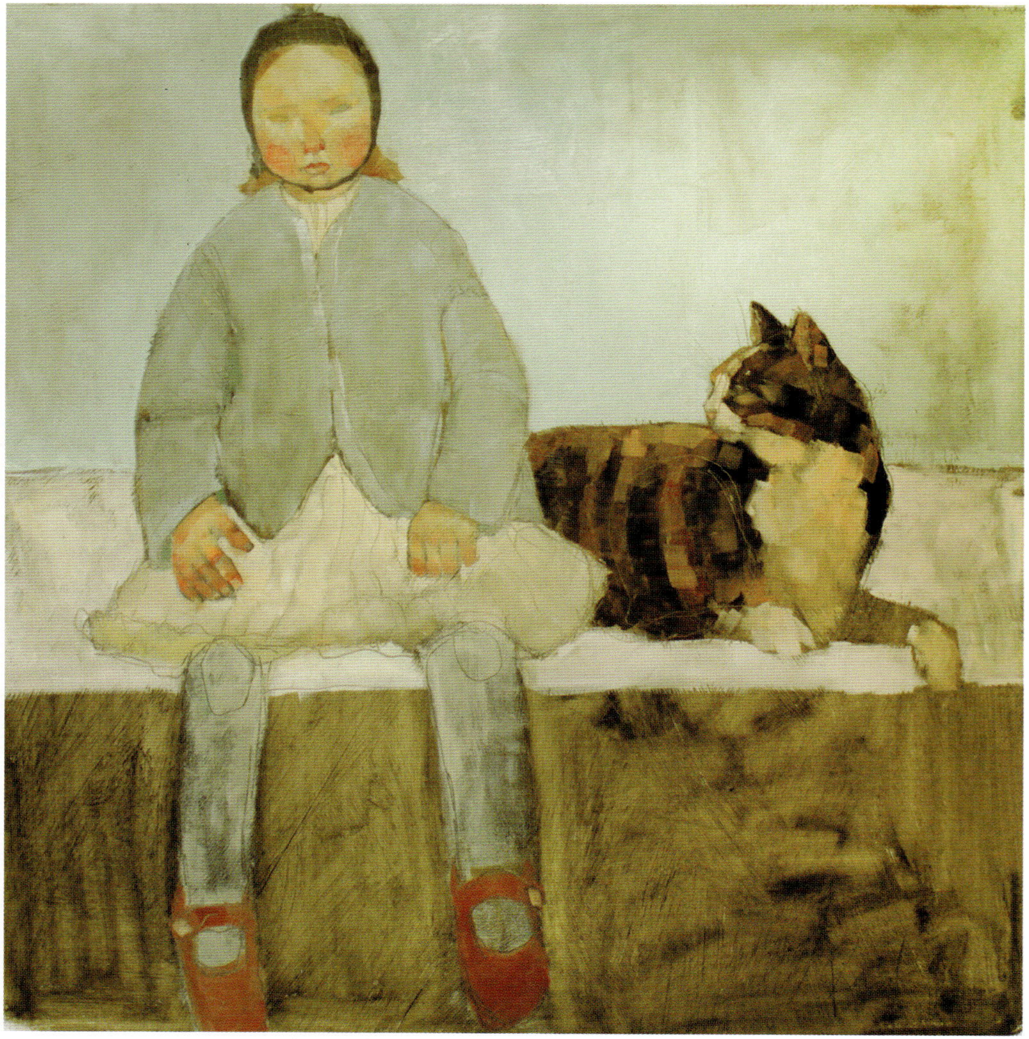

OBEN: Olivia Pendergast, *Amadi und Lily*, 2014
RECHTS: Olivia Pendergast, *Ella Rose und Marzipan*, 2014
VORHERGEHENDE DOPPELSEITE: Dame Elizabeth Blackadder, *Amalia, schlafend*, 2004

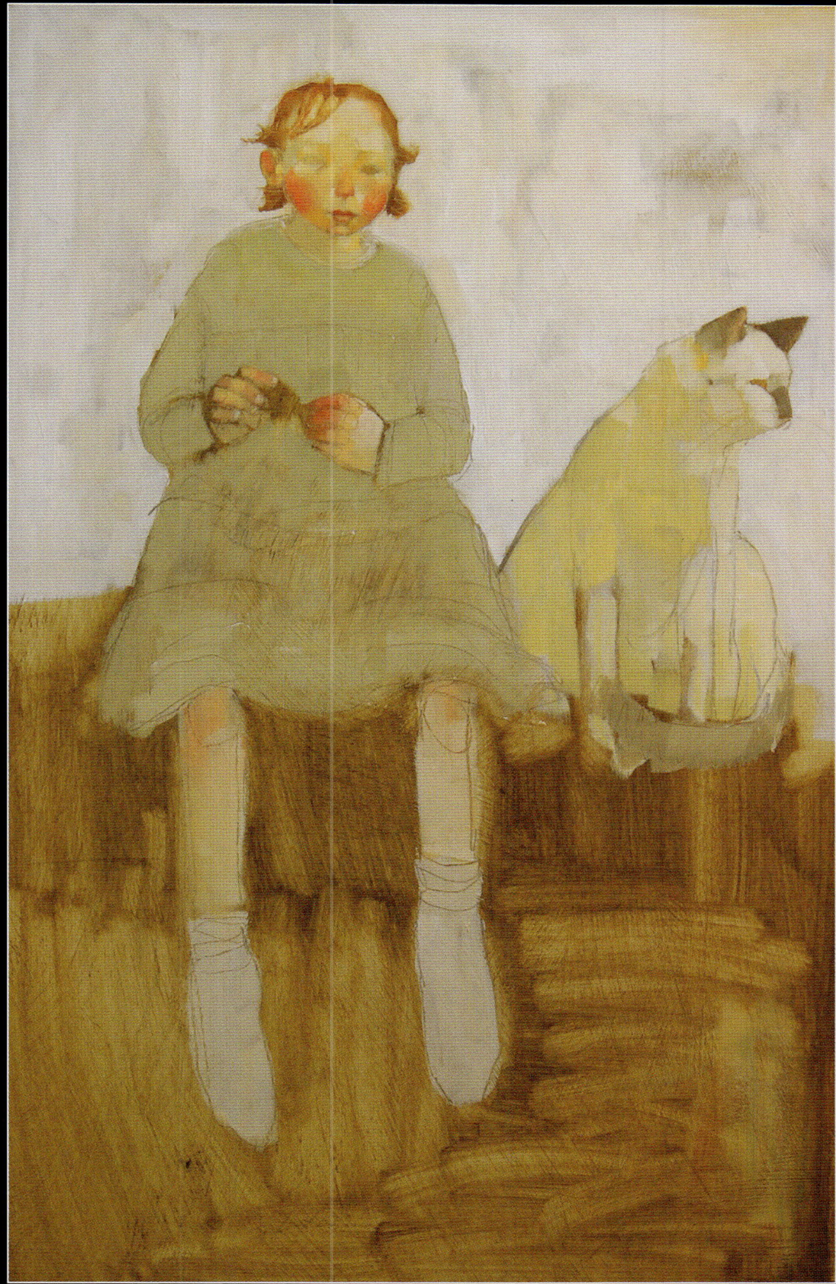

CHRISTOPHER NEVINSON

Die Katze

um 1920

Nach Ausbruch des Ersten Weltkriegs betreute Christopher R. W. Nevinson, der in London bereits als Futurist bekannt war, in Frankreich als Krankenwagenfahrer und Sanitäter verwundete französische Soldaten im Feldlazarett. Die Kriegserfahrungen hinterließen tiefe Narben. Nach seiner Rückkehr hielt er viele der grauenhaften Erlebnisse auf Leinwand fest und ging 1917 als offizieller Kriegsmaler erneut an die Front. Neben seinen bekannteren bedrückenden Kriegsbildern wirkt diese Lithografie mit der Silhouette einer Katze, die ihren Schwanz fein säuberlich um den Körper gerollt hat, bezaubernd häuslich und friedlich. Dabei war Nevinson zweifellos ein Mann, der Konflikte nicht scheute. Der Kritiker Charles Lewis Hind sinnierte 1920, es sei schon eine reife Leistung, »mit nur 32 Jahren einer der umstrittensten, erfolgreichsten, vielversprechendsten, gefeiertsten und meistgehassten britischen Künstler zu sein«.

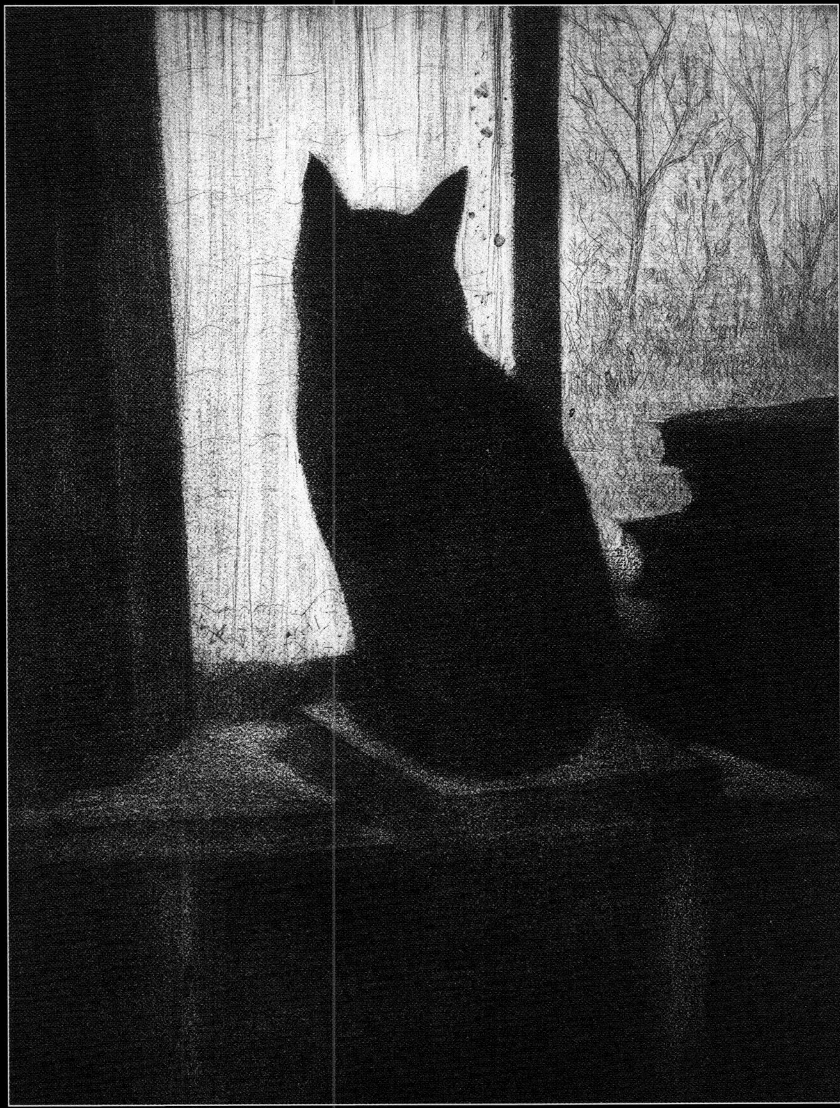

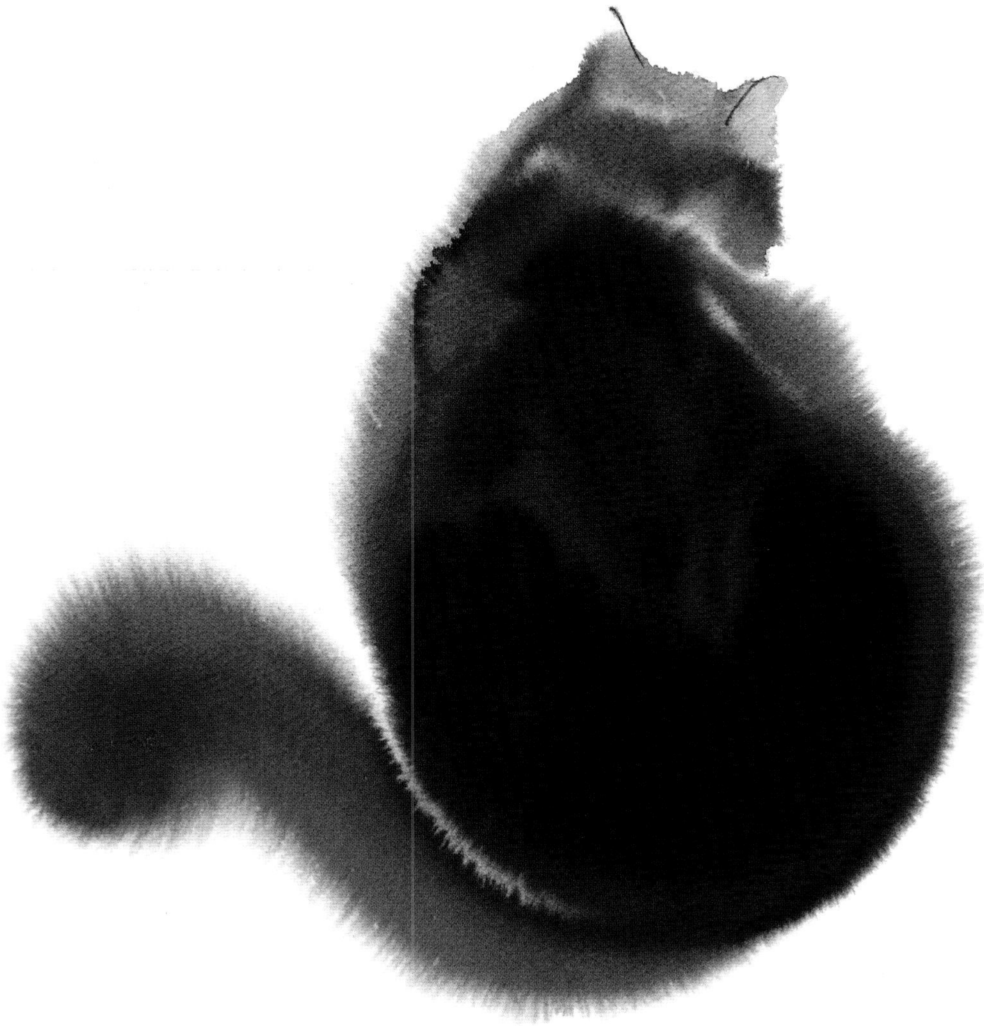

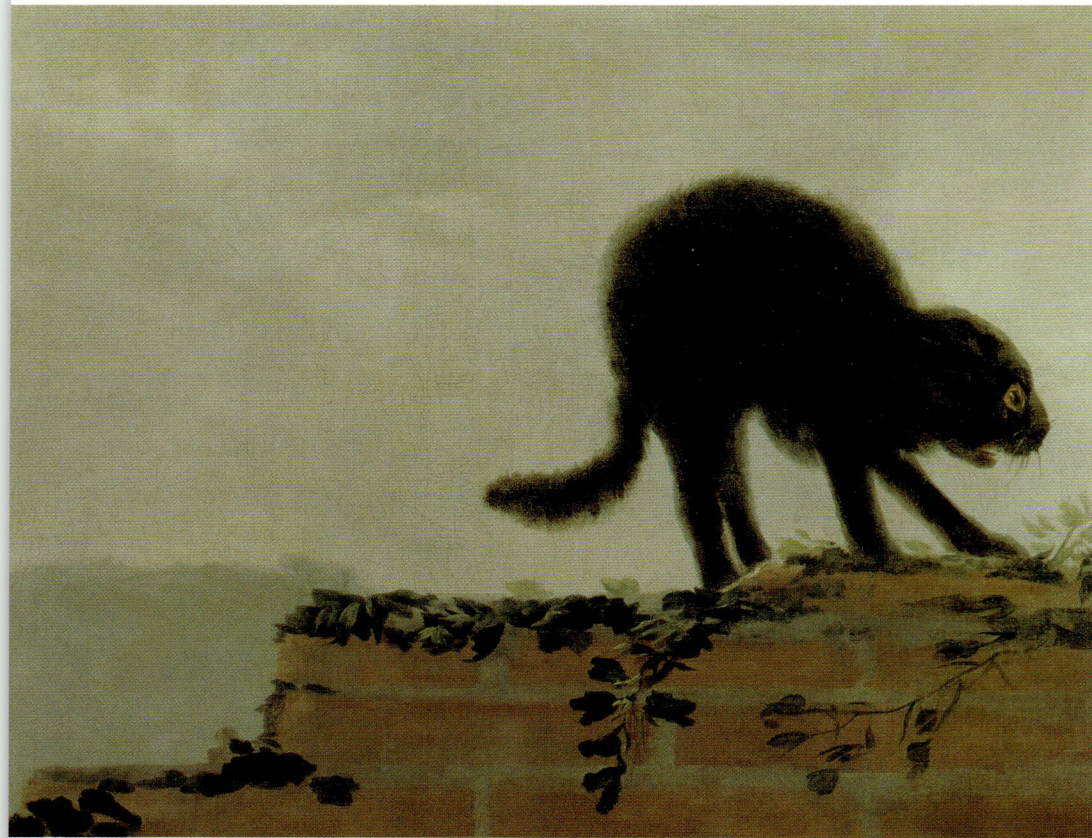

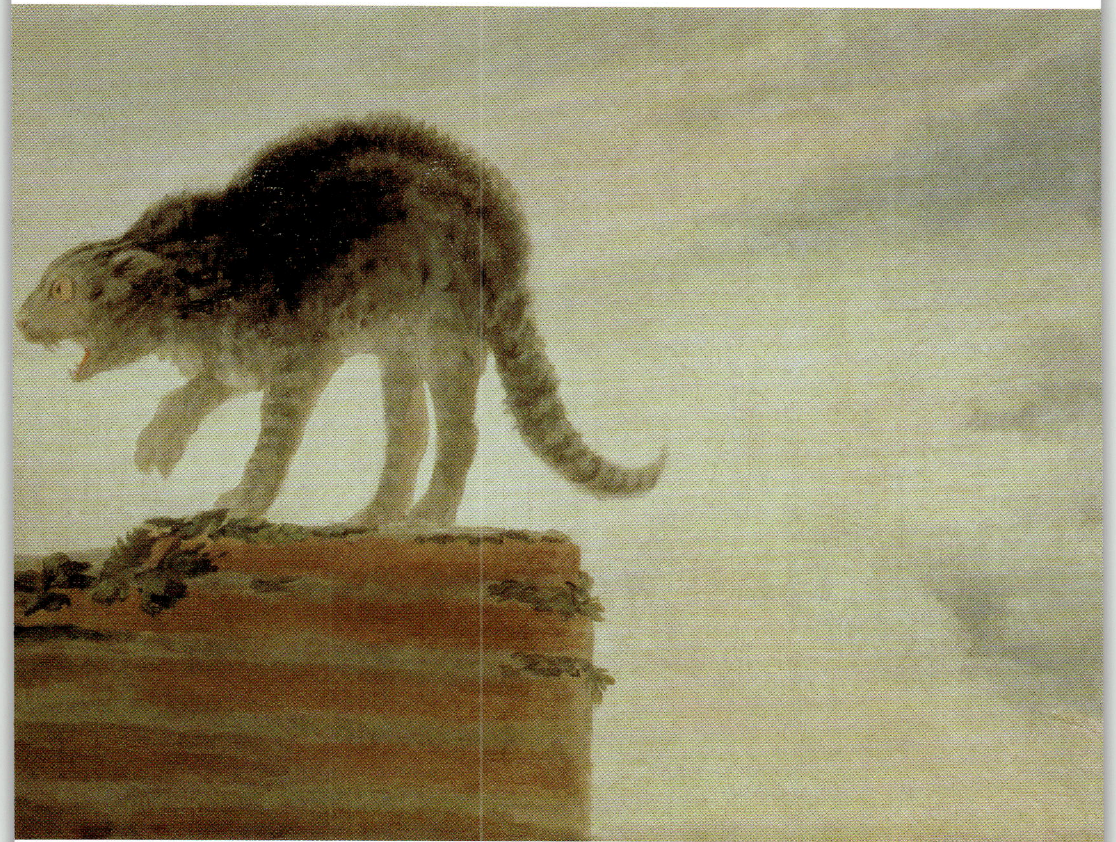

OBEN: Francisco de Goya, *Katzenkampf*, 1786–1787
VORHERGEHENDE SEITEN: Endre Penovác, *Ruhe*, 2015, und *Gespannt*, 2014

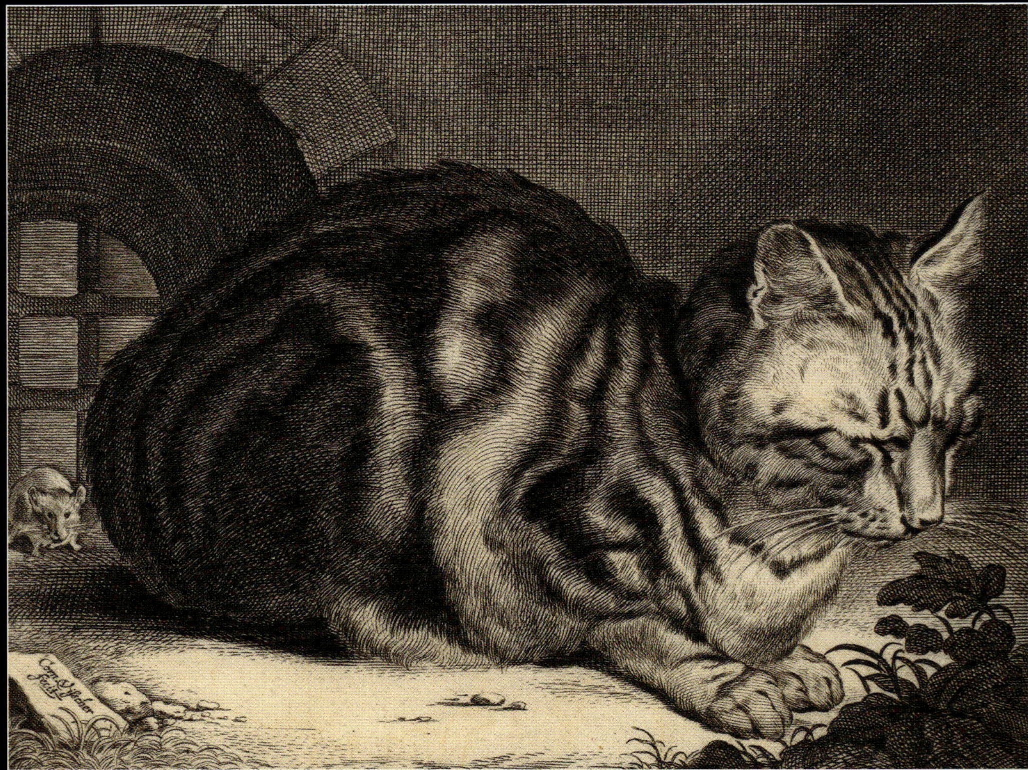

CORNELIS VISSCHER

Die große Katze

um 1657

Wer glaubt, diese gemütlich dösende Katze habe das Haselmäuschen hinter ihrem Rücken gar nicht bemerkt, der irrt gewaltig. Ihre Ohren lassen keinen Zweifel daran, dass sie hinter den geschlossenen Lidern hellwach ist und die Maus nur in Sicherheit wiegt, um sie im günstigen Moment zu packen. Die Feindschaft zwischen Katz und Maus ist ein uraltes Klischee und dieser Kupferstich aus dem 17. Jahrhundert das altniederländische Pendant zum wohl berühmtesten Katz-und-Maus-Paar, Tom und Jerry. Das Zeichentrickduo bekriegt sich unablässig mit allen erdenklichen Mitteln, ohne je ernsthaft Schaden zu nehmen. Doch allen Feindseligkeiten zum Trotz entwickeln sie gelegentlich Gemeinschaftssinn, etwa in einer Episode, in der die beiden als Babysitter vorübergehend Waffenstillstand schließen, um ihren ausgebüxten Schützling zu retten.

EDWARD BAWDEN

Katze unter Tauben

1986

Um Katzen geht es in vielen von Edward Bawdens Bildern. Offenbar teilten im Laufe der Jahre mehrere sein Leben. Auf einem Porträt, das sein enger Freund Eric Ravilious 1930 in seinem ausgefallenen Atelier von ihm malte, sieht man auf dem Teppich hinter dem Künstler an seiner Staffelei eine Katze, die sich hingebungsvoll putzt. Rund 56 Jahre später entstand dieses Bild im Flur von Bawdens Haus in Saffron Walden. Der Titel spielt auf die Redewendung »to put a cat among the pigeons« an, die so viel bedeutet wie »für Aufruhr sorgen«. Die Tauben sind in diesem Fall Teil der von Bawden selbst entworfenen dekorativen Tapete. Die schwarze Katze, die ihr Herrchen nicht aus den Augen lässt, weiß natürlich nicht, dass sie mitten in einem gemalten Vogelschwarm hockt. Da Bawden das Tapetenmuster *Wood Pigeon, Church & Dove* (Ringeltaube, Kirche & Taube) taufte, müsste das Bild korrekterweise eigentlich *Katze unter Ringel- und sonstigen Tauben* heißen.

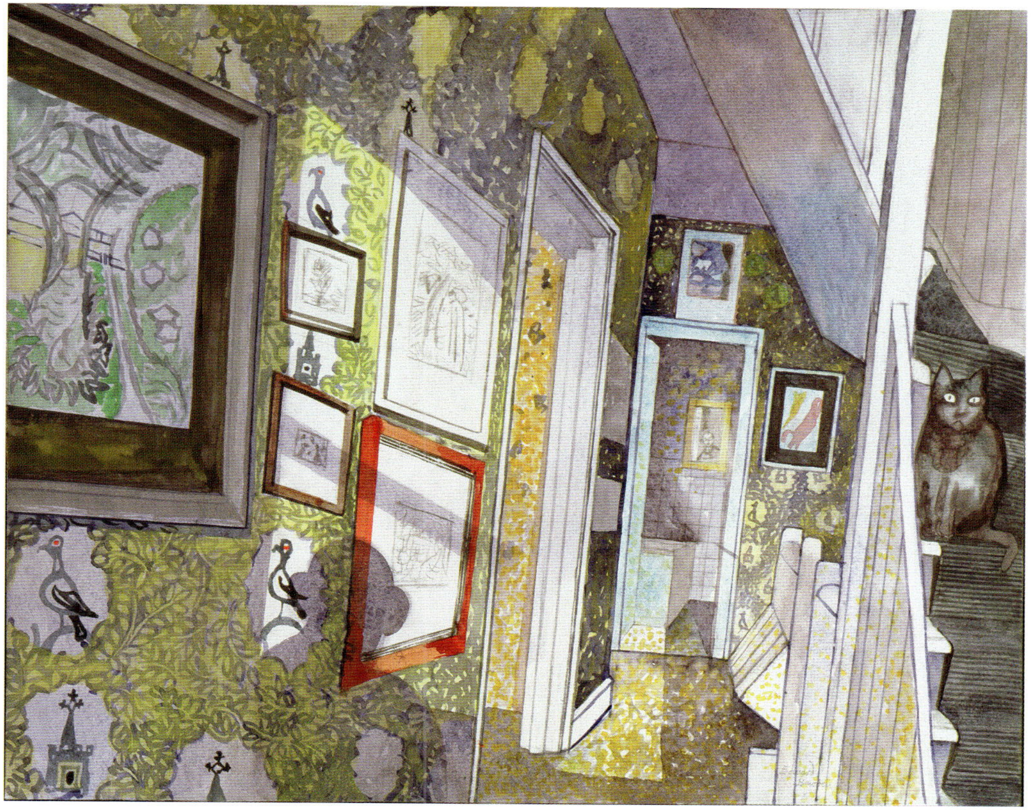

Gibt es etwas Schöneres als

einen

warmen, gemütlichen Schoß?

Zwei

warme, gemütliche Schöße …

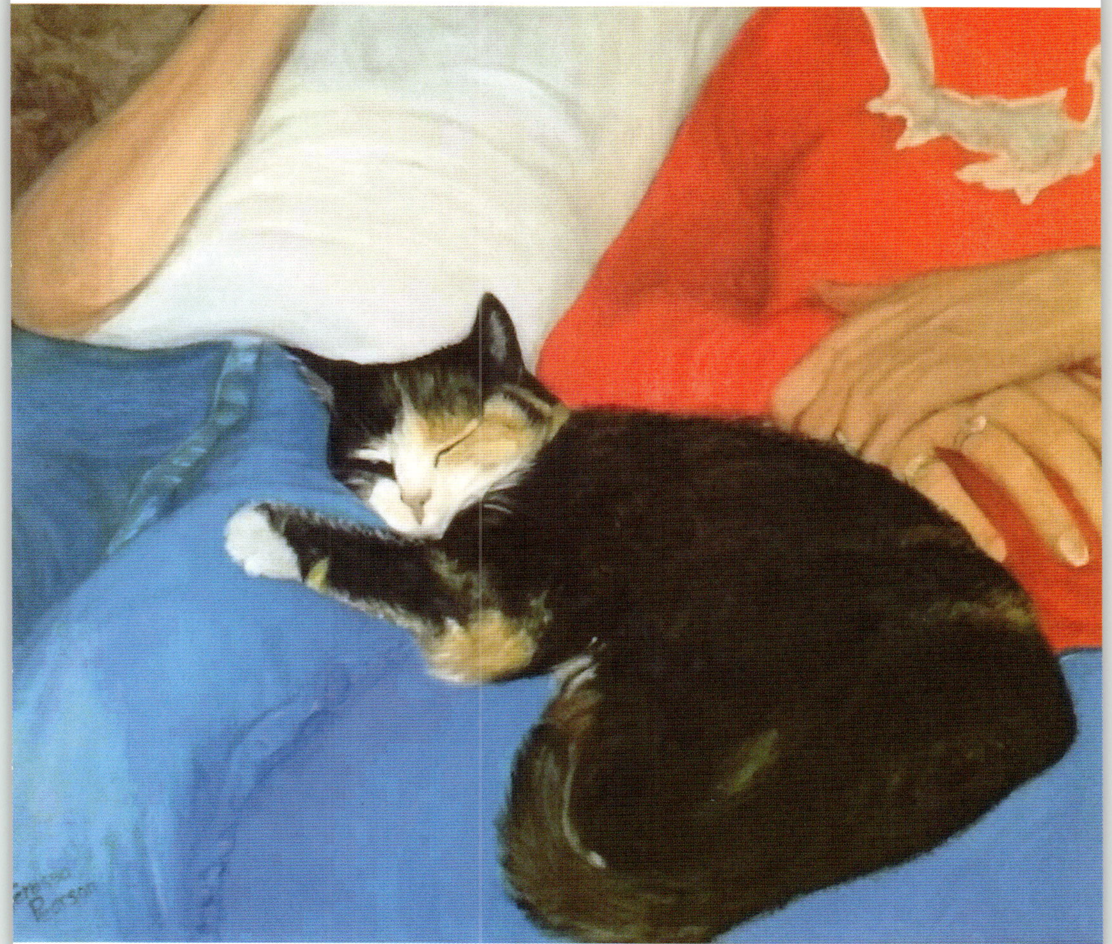

Teressa Pearson, *Picasso-Katze*, 2006

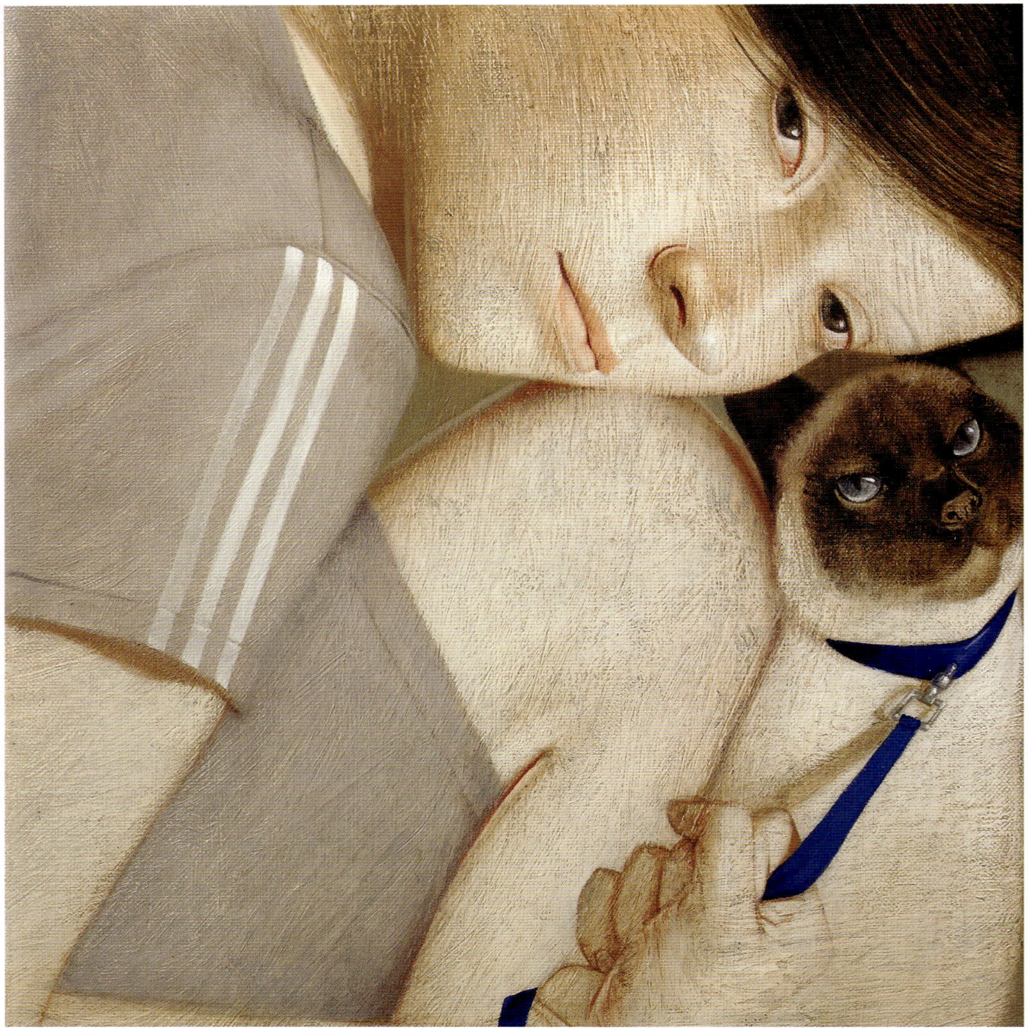

Vladimir Dunjić, *Blaue Leine*, 2015

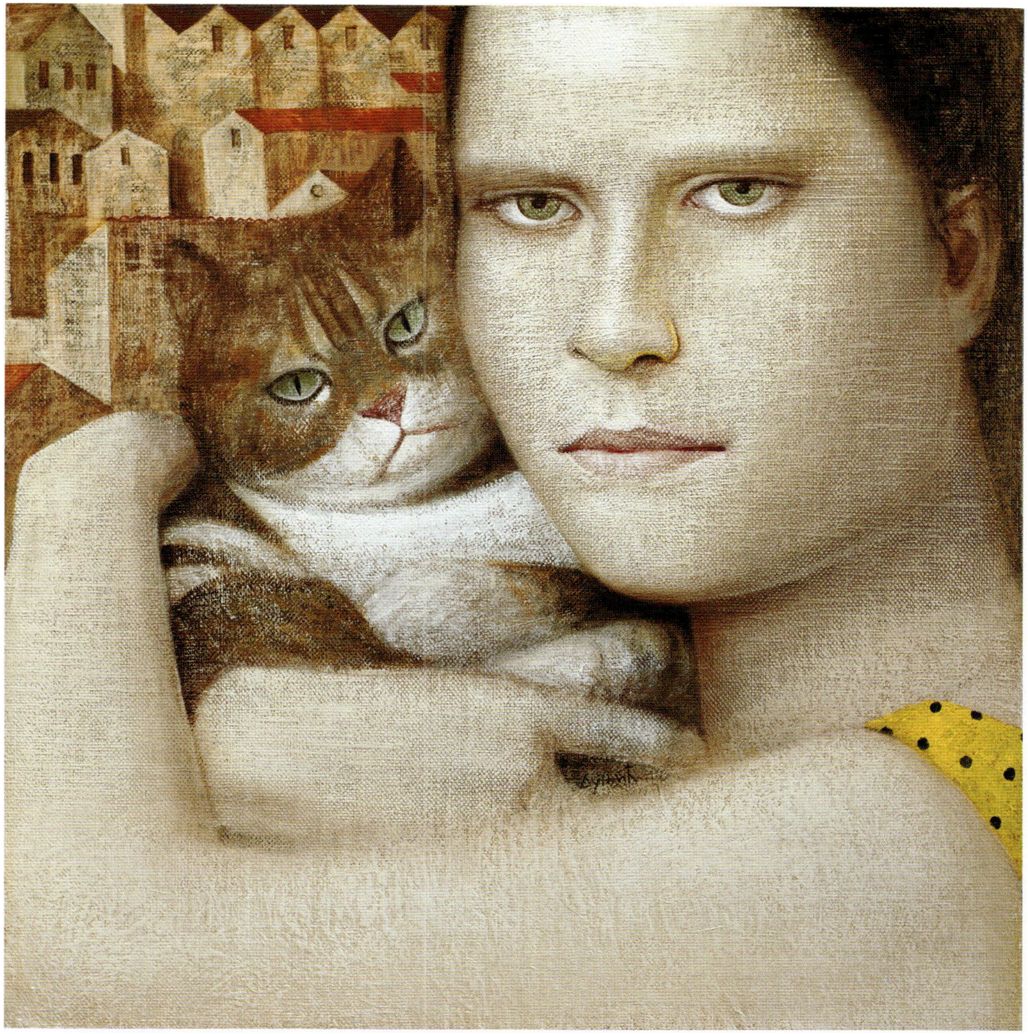

Vladimir Dunjić, *Das sechste Leben*, 2009

AMMI PHILLIPS

Mädchen im roten Kleid mit Katze und Hund

1830–1835

Heute hängt dieses Bild im American Folk Art Museum in New York, doch wurden solche Ehren Ammi Phillips' Arbeiten erst spät zuteil. Der kommerzielle Porträtmaler aus Connecticut geriet nach seinem Tod in Vergessenheit, und erst dank kleinteiliger Detektivarbeit konnte Jahrzehnte später sein gesamtes Œuvre rekonstruiert werden. Das etwas missmutig dreinblickende Mädchen umklammert schützend seine weiße Katze, als warte es nur auf den Moment, in dem es endlich aus dem steifen roten Kleid mit den gewaltigen Puffärmeln herauskommt. Der namenlosen Kleinen war jedoch ein Nachruhm weit über Phillips' reizendes Porträt hinaus beschieden, denn 1998 zierte ihr Konterfei in den USA eine Briefmarke. Im selben Jahr war Nicholas B. Nicholson von ihr so fasziniert, dass er sie in einem Roman mit dem Titel *Little Girl in a Red Dress with Cat and Dog* selbst ihre Geschichte erzählen ließ.

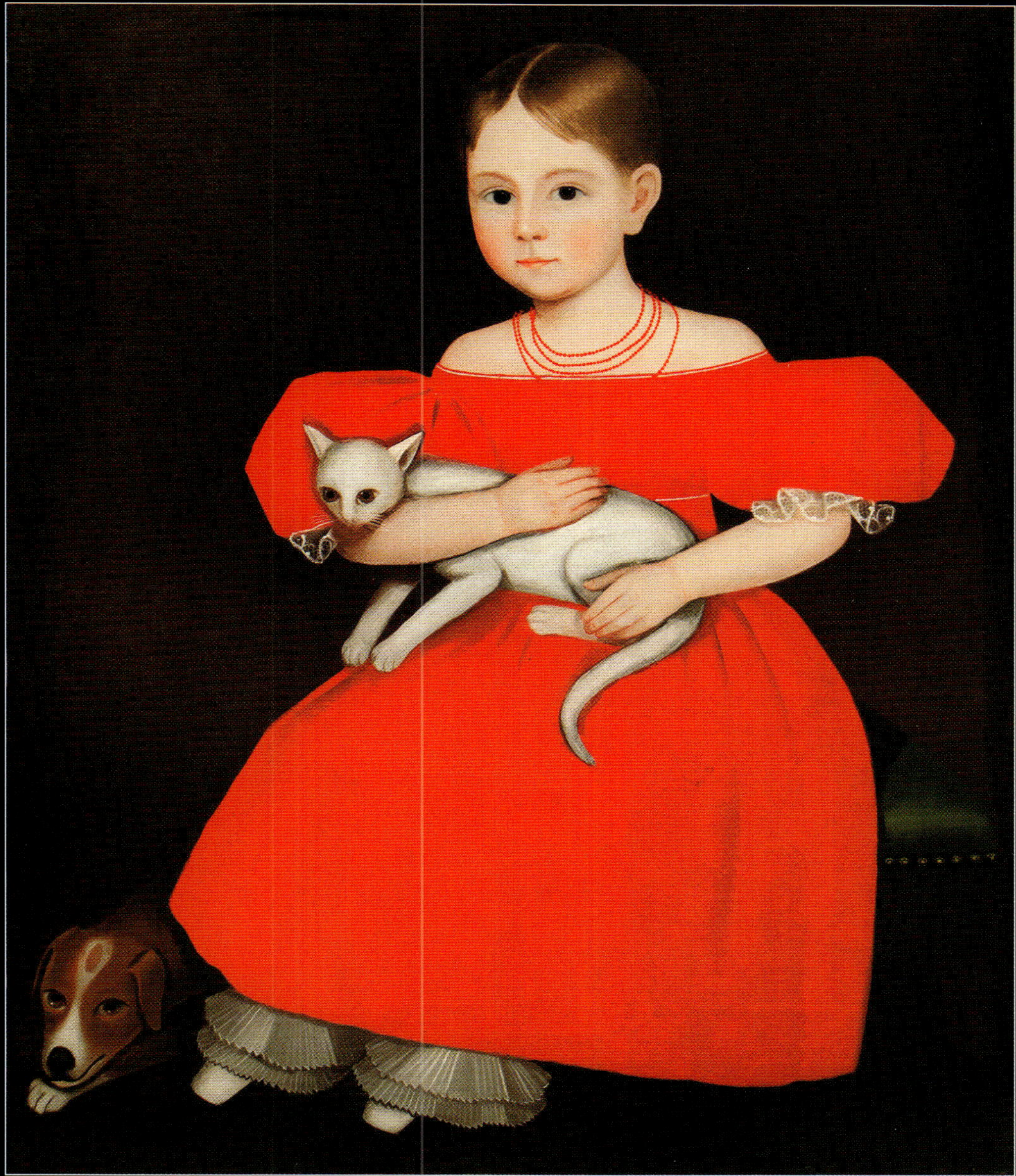

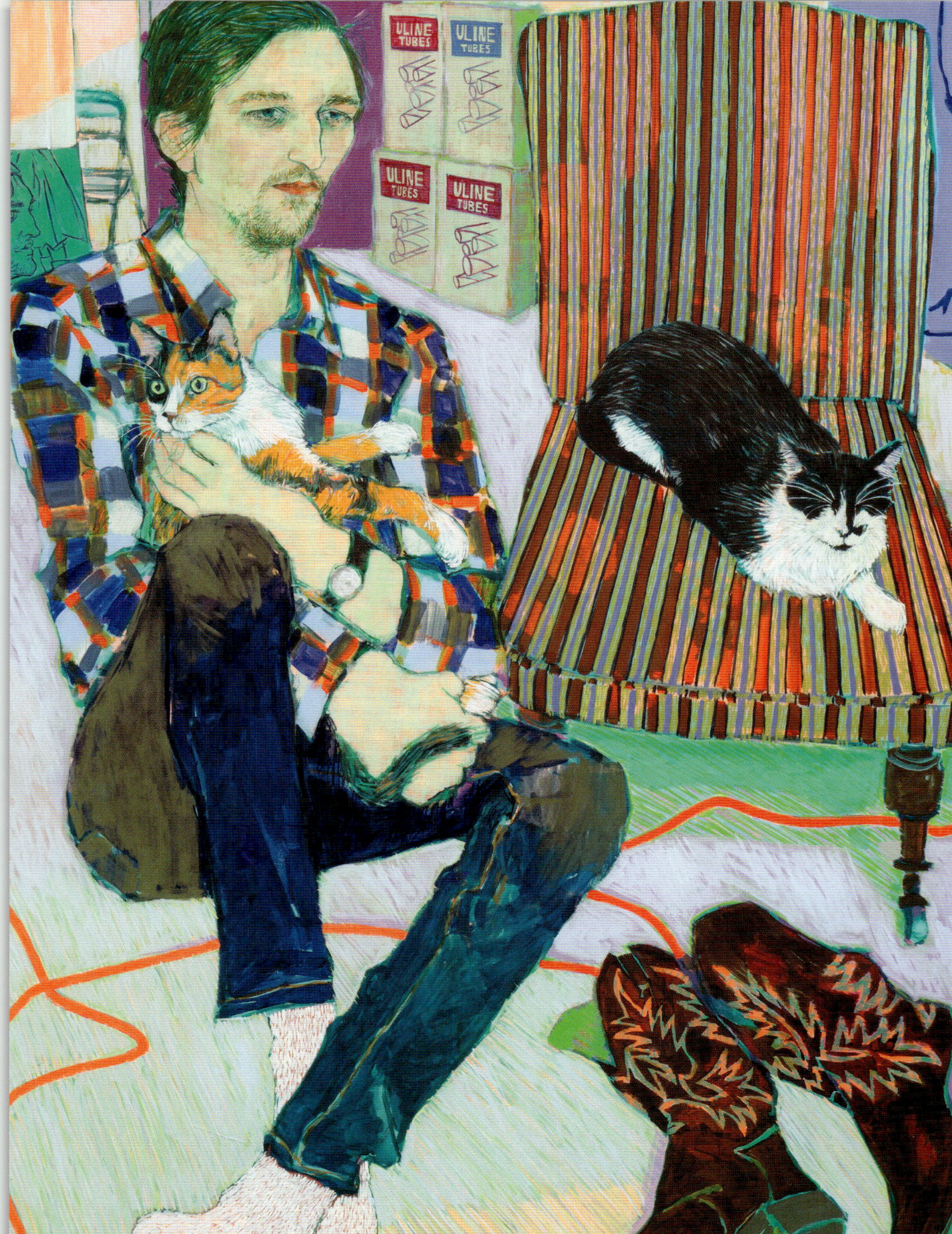
ULINE
TUBES
ULINE
TUBES
ULINE
TUBES
ULINE
TUBES

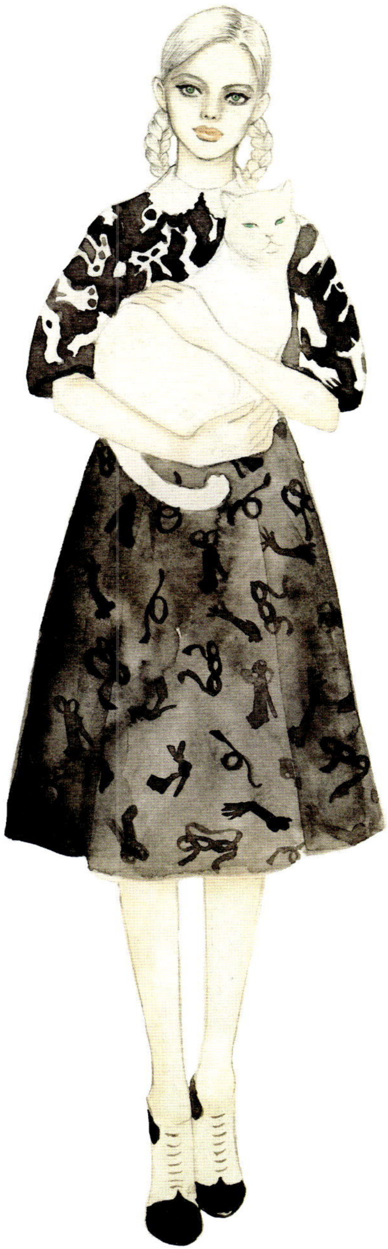

OBEN: Teri Chung, *Grüne Augen*, 2011
LINKS: Hope Gangloff, *Katzen muss man schon lieben (Greg Lindquist)*, 2015

BILDNACHWEIS

Umschlagvorderseite innen © 2016 The M.C. Escher Company, Niederlande. Alle Rechte vorbehalten. www.mcescher.com; Frontispiz © Michael Caines; 7 © Midori Yamada; 8 Privatbesitz/© The Lucian Freud Archive/Bridgeman Images; 10 Courtesy Lucian Freud; 11 Privatbesitz/Bridgeman Images. © Foundation Foujita/ADAGP, Paris und DACS, London 2017; 13 Digital Image, The Museum of Modern Art, New York/Scala, Florenz. © The Saul Sternberg Foundation/Artists Rights Society (ARS), New York/DACS, London 2017; 14 aus *25 Cats Named Sam and One Blue Pussy* (New York, 1954), Druck: Seymour Berlin, verfasst von Charles Lisanby, Litho-Offset-Druck auf Papier, handkoloriert; eine Seite aus einem gebundenen Künstlerbuch. Maße: 23,5 x 15,9 cm). Williams College Museum of Art, Williamstown, MA: Gift of Richard R. Holmes, Class of 1946 (95.18.4). © 2017 The Andy Warhol Foundation for the Visual Arts, Inc./Artists Rights Society (ARS), New York und DACS, London; 16, 17 © Diane Hoeptner, www.DianeHoeptner.com; 19 Privatbesitz/Foto © The Fine Arts Society, London/Bridgeman Images. Copyright Estate of Edward Bawden; 20 Privatbesitz © Jonelle Summerfield; 21 © Marcel Schellekens; 22 Privatbesitz/Foto © The Scottish Gallery, Edinburgh/Bridgeman Images/© Dame Elizabeth Blackadder/Bridgeman Images; 24–27 © Midori Yamada; 28 Museum of Fine Arts, Houston, Texas/Museumskauf mit Mitteln von Alvin S. Romansch Prints and Drawings Accession Endowment Fund und Marjorie G. and Evan C. Horning Print Fund/Bridgeman Images; 29 © die Künstlerin; 30 © Jane Crowther, Bug Art, 2010; 31 © Jane Crowther, Bug Art, 2002; 32 Digital Image Museum Associates/LACMA, Gift of the Jeffrey and Elizabeth Holbrook Family (M.86.147.13)/Art Resource, NY/Scala, Florenz; 33 Courtesy David Konigsberg; 34–37 © Midori Yamada; 38, 39 Copyright Bild: The Metropolitan Museum of Art, New York/Art Resource, NY/Scala, Florenz; 40–41 Privatbesitz/Foto © Christie's Images/Bridgeman Images; 43 © Diane Hoeptner, www.DianeHoeptner.com; 44 © Karen Hollingsworth; 45 © Artist Sara Butt; 47 © David Hockney. Collection Tate, London. Foto © Tate, London 2015; 48 Privatbesitz, © Jonelle Summerfield; 51 akg-images; 52–53 Privatbesitz/Bridgeman Images/© Estate of Ruskin Spear/Bridgeman Images; 55 Galleria dell'Accademia, Venedig/Cameraphoto Arte Venezia/Bridgeman Images; 56, 57 Courtesy Larry Welo; 58 Musée des Beaux-Arts et d'Archéologie, Troyes/Bridgeman Images; 59 Petit Palais, Genf/Bridgeman Images; 60 © Norma Bessouet; 62–63 © Sebastiano Ranchetti; 64, 65 aus dem Zyklus *Nine Cat's Lives* © Vladimir Dunjić, www.vladimirdunjic.com; 66 The Mark Twain House & Museum, Hartford, CT; 69 National Gallery of Art, Washington, D.C./Gift of Edgar William and Bernice Chrysler Garbisch (1958.9.8); 70–71 © Fry Art Gallery, Saffron Walden, Essex/Bridgeman Images. Copyright Estate of Edward Bawden; 73 Privatbesitz/Foto © Christie's Images/Bridgeman Images; 74–75 Christie's Images, London/Scala, Florenz; 76, 77 © Ceri Amphlett, www.ceriamphlett.co.uk; 78–79 © Vania Zouravliov; 80, 81 © Endre Penovác, www.penovacendre.com; 83 © The Trustees of the British Museum, London; 84–85 © Kay McDonagh; 87 © Diane Hoeptner, www.DianeHoeptner.com; 88–89 © Santiago Ydáñez; 90 Copyright Bild: The Metropolitan Museum of Art, New York/Art Resource, NY/Scala, Florenz; 92, 93 © Santiago Ydáñez; 94–95 Courtesy Galleria Lorcan O'Neill, Rom. © Tracey Emin. Alle Recht vorbehalten, DACS 2017; 96 © Kiki Smith, Courtesy Pace Gallery. Image published by Universal Limited Art Editions to benefit Fireplace Editions/Pollock-Krasner House and Study Center, East Hampton, NY © Kiki Smith/Universal Limited Art Editions. Foto: Courtesy ULAE; 98 © die Künstlerin; 101 © Aaron Westerberg © 2007; 103 Digital Image, The Museum of Modern Art, New York/Scala, Florenz. © Robert and Gail Rentzer for Estate of Morris Hirshfield/VAGA, New York/DACS, London; 104–105 © Vladimir Dunjić, www.vladimirdunjic.com; 107 © Vania Zouravliov; 108 © Bristol Museum and Art Gallery/Bridgeman Images. © Peter Blake. Alle Rechte vorbehalten, DACS 2017; 110 © Julia Ogden, www.juliaogden.com; 112 Digital Image, The Museum of Modern Art, New York/Scala, Florenz; 114 © Cate Edwards, www.cateedwards.com; 115 © Mathilde Aubier, www.mathildeaubier.com; 117 © Kettle's Yard, University of Cambridge/Bridgeman Images; 118, 119 aus dem Zyklus *Nine Cat's Lives* © Vladimir Dunjić, www.vladimirdunjic.com; 120 © Vladimir Dunjić, www.vladimirdunjic.com; 122 Privatbesitz/Bridgeman Images. © ADAGP, Paris und DACS, London 2017; 125 Privatbesitz/Foto © Christie's Images/Bridgeman Images. © Foundation Foujita/ADAGP, Paris und DACS, London 2016; 126 Christie's Images/SuperStock; 127 Privatbesitz/Bridgeman Images; 128 Pictures from History/Bridgeman Images; 130 © Diane Hoeptner, www.DianeHoeptner.com; 132, 133 Endre Penovác, www.penovacendre.com; 135 © Les Arts Décoratifs, Paris/akg-images; 136–137 Privatbesitz/Foto © The Scottish Gallery, Edinburgh/Bridgeman Images/© Dame Elizabeth Blackadder/Bridgeman Images; 138, 139 © Olivia Holly Pendergast; 141 Privatbesitz/Foto © The Fine Art Society, London/Bridgeman Images/© Estate of CRW Nevinson/Bridgeman Images; 142, 143 Endre Penovác, www.penovacendre.com; 144–145 Album/Oronoz/akg-images; 146 National Gallery of Art, Washington, D.C./Ailsa Mellon Bruce Fund (1995.72.1); 149 Privatbesitz/Foto © The Fine Art Society, London/Bridgeman Images. Copyright Estate of Edward Bawden; 151 Foto (mit freundlicher Genehmigung) Heidi Gilleland; 152, 153 aus dem Zyklus *Nine Cat's Lives* © Vladimir Dunjić, www.vladimirdunjic.com; 155 Peter Horree/Alamy; 156 Courtesy Hope Gangloff und Susan Inlet Gallery, NYC. Foto: Don Stahl; 157 Teri Chung. Umschlagrückseite innen © Anna Didik, www.annadidik.wixsite.com/annadidik.